Carlos Mazuera

Cómo comprar en Alibaba y vender en Amazon

13 pasos para obtener grandes ganancias

Ediciones Generación 2020

Este libro obtuvo el título de *Best Seller* por primera vez en abril del 2023 en Amazon.com, Amazon Italia, Amazon España y Amazon México en varias categorías.

Cómo comprar en Alibaba y vender en Amazon

13 pasos para obtener grandes ganancias

Carlos Mazuera

Edición y corrección de estilo: © 2023, Generación Literaria 2020.

Primera edición impresa en Amazon: abril 2023

ISBN: 978-9962-17-616-9

"Si piensas en ello, decídelo. Si ya lo decidiste, deja de pensarlo."

Proverbio Japonés

"Los planes bien pensados y el arduo trabajo llevan a la prosperidad, pero los atajos tomados a la carrera conducen a la pobreza."

Proverbios 21:5 Biblia NTV

DEDICATORIA

Este libro es para todas las personas que desean abrir una línea de negocios de artículos online comprando a un proveedor en cualquier lugar del planeta y vendiendo en Amazon. En este libro nos enfocaremos en el proveedor Alibaba en China y el mercado de ventas en Amazon.

Doy siempre gracias a Dios por guiarme en la elaboración de esta nueva línea de libros de alto contenido llamada "Nuevos Expertos", así como también a mi familia, amigos y compañeros. A mi madre Nhorita, mamita Anquea, Alicia, Melba, Fanny, Hernán y Larry por su eterno amor desde el cielo.

Carlos Mazuera

Autor Best Seller en ocho (8) oportunidades incluyendo este libro versión español e inglés y los libros "Conócete a ti mismo y a los demás" enfocado en los eneagramas, "Lo que Esconden los Casados", "IA y el Metaverso" y la colección: "Tú puedes llevar a ser un Nobel de Literatura"; Volumen Uno, Dos y Tres.

Ganador del concurso nacional 2022 "La piel escrita" categoría microcuento en Colombia.

Nace en Cali, Colombia (1968). Nacionalizado panameño. Ingeniero civil. MBA en Kent State University, USA con énfasis en Mercadeo. Especializado en la Universidad Javeriana, Colombia (Gerencia de Construcciones). Ha dirigido más de 20 importantes proyectos de ingeniería. Actual vicepresidente de Investigación, Desarrollo e Innovación (I+D+I) enfocado al Metaverso.

Especializaciones en universidades de USA: Yale University (A Story for Our Times), University of Michigan (Writing and Editing), Wesleyan University (Creative Writing) y University of California (Academic English Writing Essay). Egresado del diplomado en Creación Literaria 2020 de la Universidad Tecnológica de Panamá y del Programa de Formación de Escritores (PROFE), género novela 2020, ensayo 2021 y guion para cine 2022 -2023 del Ministerio de Cultura de Panamá. Graduado del Instituto Teológico por extensión (INSTE) 2022. Tomó cursos en la University of Virginia (The Worlds of Historical Fiction), Duke University (Essay English Composition I) y en Michigan State University (Script Writing: Write a Pilot Episode for a TV or Web Series).

Cursó los talleres de Escritura Cinematográfica y también de Poética Personal Cinematográfica con el director mexicano Carlos Enderle. Tomó el taller de Asesoría y presentación de proyectos cinematográficos dictado por la cineasta y productora Martha Orozco a través del Ministerio de Cultura de Panamá. Participa en varios talleres con Altazor, Colombia.

Fundador del grupo Generación Literaria 2020. Coautor de dos libros: "El mundo se detuvo, los cuentos siguieron" (Panamá 2021) y "Entre Amigos puro Cuento" (Panamá 2023).

Forma parte de las antologías: "Refugios y ocasos" (Ediciones PuertaBlanca, Argentina, 2021) y "Consumación de Eros" (Foro/taller Sagitario Ediciones, Panamá, 2021) de Enrique Jaramillo Levi. Ha publicado artículos de opinión para el periódico La Estrella de Panamá.

Para comprar otros libros del autor:

Enlaces de Contacto con el escritor Carlos Mazuera:

https://www.facebook.com/ElConstructordelasLetras

@MazueraCarlos

@escritormazuera

Carlos Mazuera

Email

asturiaspluma@gmail.com

Sobre Este Libro

Este libro pertenece a la colección de "Nuevos Expertos" y trata sobre "Cómo comprar en Alibaba y vender en Amazon" siendo útil tanto para personas que están comenzando en este tipo de negocio online, como también para vendedores con más experiencia. Al leer todo el libro, podrás lograr estos seis puntos:

1. Pasar de comprador en Amazon a ser un vendedor en esta plataforma.
2. Aprender mucho contenido de cómo comprar en Alibaba, escogiendo proveedores y productos.
3. Adquirir conocimiento de cómo crear tu marca personal de productos en Alibaba y venderlos en Amazon.
4. Aprender muchos secretos de cómo manejar bien la plataforma Amazon como vendedor.

5. Evaluar los medios de transportes desde China a Estados Unidos, con sus ventajas y desventajas.
6. Analizar los diferentes gastos y costos que pueden disminuir tus ganancias.

Carlos Mazuera

Índice

INTRODUCCIÓN

El mundo del Comercio Electrónico

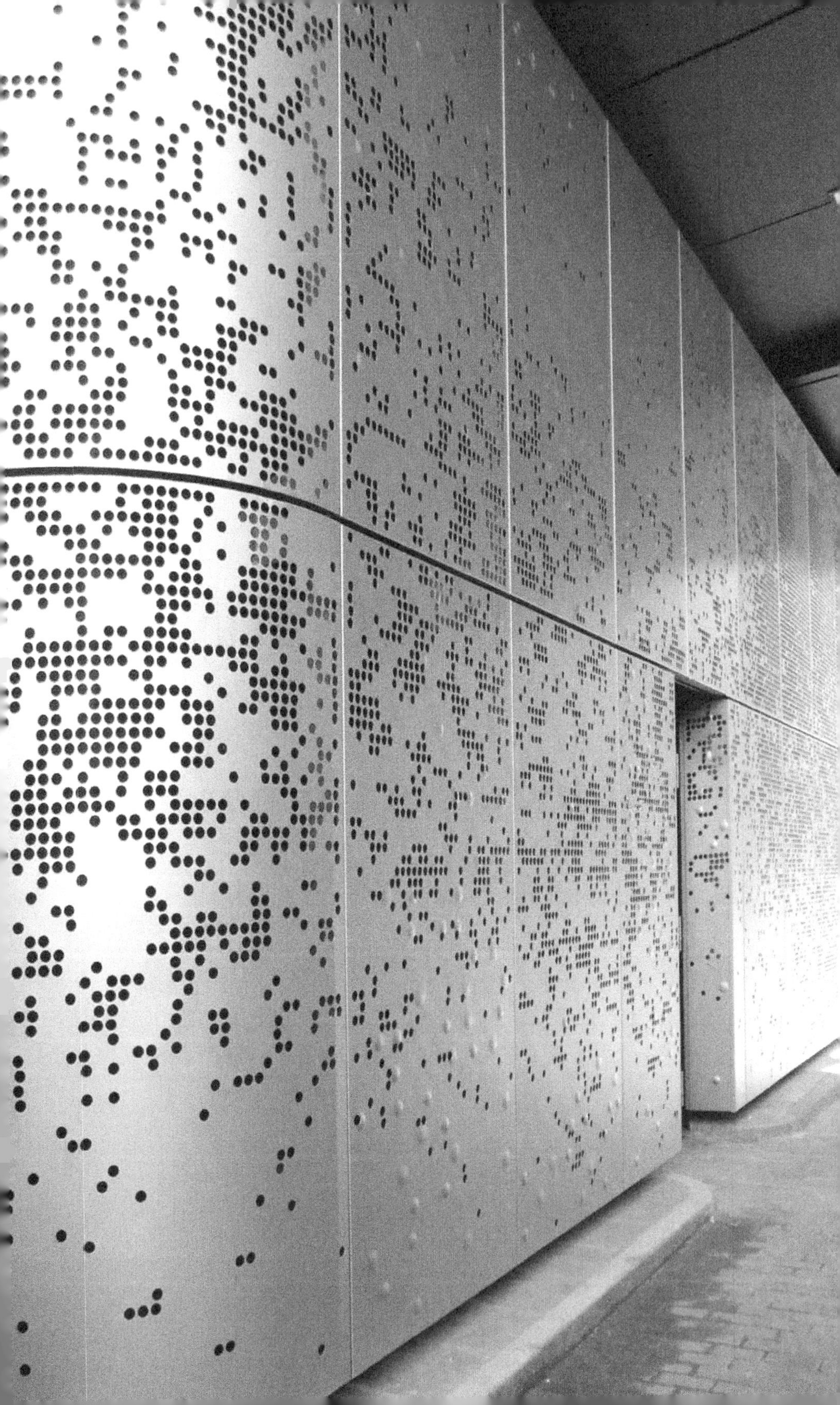

Antes de comenzar, te explicaré en qué consisten los iconos que encontrarás en la margen izquierda cuya función es guiarte a través del libro:

 Este ícono te indica que hay una recomendación o *tip* para tener en cuenta.

 Este ícono te indica las ventajas del tema abordado.

 Este ícono te indica las desventajas a tener en cuenta.

 Este ícono te avisa que hay lenguaje técnico el cual debes aprender a

 Este ícono te informa que hay bastante contenido de información valiosa y que debes tomar apuntes.

 Este otro ícono te muestra un ejemplo como guía para aclararte el tema.

Ahora sí entremos en materia. Para un comerciante electrónico,

tener éxito en vender en Amazon es un objetivo importante si quiere aumentar su facturación. Pero vender productos de forma rentable y sostenible en Amazon no se puede improvisar, porque la competencia es feroz. Por lo tanto, descubrirá las técnicas y los principios esenciales para esperar vender bien sus productos en Amazon.

En la actualidad se está viviendo el auge de los Marketplace y la venta online. Portales como Amazon, Alibaba y AliExpress, han registrado los mayores crecimientos de su historia durante los últimos años. También existen otros como eBay, Mercado Libre, Rakuten, Taobao y Etsy entre otros.

El gasto promedio de los compradores en Amazon no es excesivo, pero tampoco muy bajo. La mayoría de ellos, el 60%, gastan entre $25 y $120 dólares en cada compra.
De acuerdo a varios estudios, existen tres tipos de compradores según su gasto promedio y frecuencia de compra:
INTENSIVO: Compra mínimo una vez por mes y gasta alrededor de $50 en cada transacción.
RECURRENTE: Compra cada dos meses y gasta alrededor de $40 en cada operación.
OCASIONAL: Compra cada cuatro meses y gasta alrededor de $50 en cada adquisición.

A la fecha en el 2023, los países aprobados por Amazon para vender en Estados Unidos, México y Canadá son:

Dinamarca; Mauricio; Ucrania; República Dominicana; México; Reino Unido; Egipto; Marruecos; Estados Unidos; El Salvador; Mozambique; Vietnam; Guinea; Ecuatorial; Namibia y Estonia. Albania; Finlandia; Países Bajos; Argelia; Francia; Nueva Zelanda; Angola; Gabón; Níger; Argentina; Georgia; Noruega; Armenia; Alemania; Omán; Australia; Grecia; Panamá; Austria; Guinea; Paraguay; Azerbaiyán; Haití; Perú; Bangladesh; Honduras; Filipinas; Belarúsia; Hong Kong. Jordania; España; Canadá; Kenia; Sri Lanka; Chad; Letonia; Suecia; Chile; Liechtenstein; Suiza; China; Lituania; Taiwan; Colombia; Luxemburgo; Tailandia; Costa Rica; Macedonia; Croacia; Madagascar; Trinidad y Tobago; Chipre; Malasia; Turquía; República Checa; Mali; Uganda. Polonia; Bélgica; Hungría; Portugal; Benín; Islandia; Rumania; Bolivia; India; Rusia; Botswana; Indonesia; Senegal; Brasil; Irlanda; Serbia; Brune; Israel; Singapur; Bulgaria; Italia; Eslovaquia; Burkina Faso; Costa de Marfil; Eslovenia; Camboya; Japón; Corea del Sur; Camerún.

Recomiendo que verifiques en el siguiente código QR para obtener información actualizada.

PASO 1

¿Por qué vender en Amazon?

Cómo ya vimos en la introducción, Amazon es uno de los grandes en el Marketplace. Pero, ¿cuáles son las razones para vender en esta plataforma?

1. No necesitas crear una página web de comercio electrónico

Crear un sitio en la red lleva tiempo y dependiendo del tamaño tiene unos costos altos, especialmente cuando se trata de una página de comercio electrónico. No solo necesita crear su propio sitio, sino que también debe generar confianza y credibilidad en torno a su tienda para atraer más clientes. Con Amazon, puedes aprovechar una plataforma fácil de usar y comenzar a vender productos con solo unos pocos clics. Vender en línea, sin un sitio web, ahora es fácil.

2. No necesitas generar tráfico tú mismo

Para ser rentable, un sitio de comercio electrónico debe generar un tráfico de visitantes significativo. Sin embargo, trabajar en su adquisición requiere aparte del tiempo, recursos económicos (publicidad, SEO, etc.). Vender en Amazon te permite beneficiarte del tráfico de la plataforma. En el siguiente código QR puede consultar al día estadísticas sobre el posicionamiento de Amazon, cifras claves de la empresa y Marketplace online, entre otros.

Veremos, sin embargo, que debes trabajar para atraer visitantes a tu tienda de Amazon (mediante publicidad de Amazon, SEO, etc.)

3. Delegar la logística en Amazon

Amazon ofrece el programa "Fulfilled by Amazon" (FBA), que permite aprovechar la infraestructura logística de esta gran empresa. Amazon se encarga del almacenamiento y envío de tus productos en el propio Estados Unidos, Latinoamérica, Europa y Asia después de cada pedido.

4. Manejo fácil de pagos y reembolsos

Amazon maneja los pagos y reembolsos por usted. Se le paga cada 14 días directamente a la cuenta bancaria que proporcionó. Amazon es probablemente el mercado más fácil y flexible de usar. En el caso de Latinoamérica, debes abrir una cuenta con

Payoneer para que sirva de intermediario entre un banco de Estados Unidos y tu banco en tú país. Pero no te preocupes, las comisiones son bastante bajas y te facilitan el proceso de envío del dinero.

5. Amazon se encarga del servicio de atención al cliente

El servicio de atención al cliente de Amazon es conocido por su capacidad de respuesta y calidad, ya sea un cliente-comprador o un cliente-vendedor. Puedes contactarte con un funcionario para cualquier petición o pregunta, obtendrás una respuesta rápida.

6. Los costos iniciales son bajos

Usualmente, tener un capital inicial para invertir es uno de los obstáculos para iniciar un negocio. Algunas marcas necesitan decenas de miles de dólares para comenzar. ¡Este no es el caso con un negocio de Amazon! Puede comenzar con un pequeño capital inicial, ya que está subcontratando muchas tareas. Puedes comenzar vendiendo artículos que manufacturas, revender productos, o vender productos con tu propia marca personal elaborados en otro país.

En este libro aprenderás a usar la plataforma de Amazon para vender y la de Alibaba para comprar. Aunque existen otras más plataformas de proveedores.

7. Puedes ganar dinero, rápido y seguro

Debes aprovechar el apalancamiento que te ofrece Amazon y el tiempo que ahorras en la plataforma. Ganar dinero rápidamente es posible, con las estrategias y el producto adecuado. Vender en Amazon te permite probar un mercado o desarrollar un canal de venta diferente para tu marca a través del e-commerce.

8. Eres totalmente independiente

Amazon te permite vender tus productos delegando la logística con el embalaje, la entrega y las devoluciones. Por lo tanto, es posible vender tus productos desde cualquier lugar del planeta, ya sea que domines o no el mundo electrónico. Vender en Amazon es adecuado para pequeñas marcas o empresarios independientes.

9. Para desarrollar tu marca en otros canales

Cada día que pasa, bastantes marcas están empezando a vender en Amazon aparte de sus canales tradicionales de comercio electrónico. Esto es debido a la rentabilidad que aporta la plataforma, sin requerir muchos recursos adicionales.

PASO 2

Elige el modelo de negocio en Amazon

Existen 3 formas para vender productos en Amazon:

A. **Arbitraje minorista:** comprar productos de otras marcas en liquidación y venderlos a un precio más alto. Tú compras productos en descuento en tiendas minoristas de Outlets o cadenas como Ross, Walmart, Best Buy, Macy´s, Marshalls, El Corte Inglés o Carrefour. Aprovechas las promociones como: compra 1 y lleva el otro al 50%, 2x1 o todo al 70%. Los publicas en la plataforma de Amazon y los llevas a las bodegas de Amazon FBA (en otro capítulo te explico sobre almacenamiento y tres pasos importantes para empaquetamiento del producto). Como conseguiste un buen descuento al comprar, la diferencia con el precio de venta son tus ganancias.

Ventajas: Con este modelo, la inversión inicial es poca ya que no necesitas mandar a fabricar productos. Por ejemplo, compras varios juguetes, ropa, adornos y los publicas en Amazon. No necesitas tomar el listado, hacer fotografías, hacer descripciones ni hacer publicidad. Lo que haces es que usas la publicidad que ya está en Amazon con varios vendedores similares y te sumas como uno nuevo. Si consigues ofrecer el mejor precio, vas a lograr vender tus productos primero que tu competencia.

Desventajas: Las principales desventajas es que el negocio no es escalable porque necesitas constantemente buscar productos en promoción. Toda tu venta va a reducir o aumentar dependiendo de cuanto tu estas buscando productos en tiendas físicas. Es un negocio que consume demasiado tiempo, desplazamientos y combustible en muchos casos al ir a seleccionar la mercancía.

Aunque este modelo de negocio es completamente legal, se deben seguir las siguientes recomendaciones para evitar problemas legales y poder demostrar la procedencia de los productos:

- Vender productos y marcas como nuevos.
- Guardar siempre los recibos de los productos comprados.
- No adquirir productos falsificados.
- Evitar las marcas de abastecimiento que sólo permiten que sus productos se vendan a través de revendedores autorizados.

Es preciso señalar que la reventa de productos no es ilegal, sin embargo, siempre hay que hacer la debida diligencia sobre los productos y las marcas antes de venderlos.

Mi recomendación es que si vas a comenzar en este tipo de negocio en el e-commerce, uses este modelo de arbitraje porque es una forma muy fácil de vender en Amazon. Vas conociendo el mercado, adquieres experiencia y así pasas al siguiente modelo que es la marca privada.

B. **La marca privada (private label):** compras productos y los vendes bajo tu marca. Tu creas tus propios productos, los fabricas tú mismo o consigues el proveedor fabricante. Tienes tu propia marca y vendes tus propios productos. Ya sea como una fábrica o como un artesano.

Ventajas: Tu producto es único, tu negocio crece hasta donde tú quieras ya que una marca privada puede crecer bastante.

Desventajas: Necesitas hacer una mayor inversión inicial porque debes fabricar tus productos, hacer tu inventario, y tener un surtido permanente de todo el catálogo. Adicional, debes registrar tu marca.

C. **Venta al por mayor:** reventa de productos de marcas existentes y conocidas con su permiso.

El modelo de venta más extendido y sin duda el más rentable es el de marca privada. Por varios motivos: vendes productos "en bruto" a los que añades valor, creas marca y aumentas tus márgenes. Siempre y cuando, por supuesto, tenga el producto adecuado para vender.

Es importante conocer las tablas de tarifas para vender en Amazon de acuerdo a la clasificación de tus productos:

PASO 3

Abrir la cuenta en Amazon

Es el turno de abrir la de Amazon la cual es una empresa multinacional con sede en Seattle, en el estado de Washington. Su modelo de negocio consiste en actuar como un mercado en el que tanto agentes externos como el propio Amazon mediante sus marcas propias, como es el caso de Amazon Basics, Amazon Collection o Amazon Essentials, venden todo tipo de productos multimarca. Tiene otros servicios como la plataforma de cine "Amazon Prime Video", la de libros online "Amazon Kindle" o la de streaming "Twitch".

Para la apertura de cuenta en Amazon son necesarios los siguientes documentos:

1. Tarjeta de crédito oficial emitida por una entidad financiera de los países permitidos. No te permiten tarjetas prepago. La tarjeta debe permitir transacciones internacionales y estar a nombre de la persona que va a abrir la cuenta.
2. Estado de cuenta de la entidad bancaria de tu país o un estado de cuenta de Payoneer. No te aceptan cartas o certificaciones del banco. En ellas debe ser legible: El logo del banco, el nombre del propietario de la cuenta, la dirección de

residencia y las transacciones de la cuenta con fecha (se pueden tapar las cifras). Para los países latinoamericanos a excepción de México, se debe abrir una cuenta en Payoneer para que te abran una cuenta en Estados Unidos y así Amazon te consigne en la cuenta de USA y Payoneer te transfiera a tu banco local.

A continuación, tienes el código QR de la empresa Payoneer:

Payoneer actúa para las personas que no tienen una cuenta comercial como un proveedor de servicios comerciales que le concede enviar y recibir pagos. Como plataforma de pago, es similar a PayPal, y es una opción popular para los autónomos y las empresas internacionales, así como para los usuarios de los principales mercados de comercio electrónico.

Al registrarte en Payoneer debes seleccionar la opción vendedor online E-Seller. Luego la opción de recibir fondos de mis ventas en Marketplace, plataformas de pago online o e-wallets. Posteriormente selecciona "individuo", y diligencia toda la información solicitada de los datos personales.

3. Prueba de residencia. Por ejemplo, recibos de servicios públicos (agua, gas, energía, internet) a nombre del usuario que va a abrir la cuenta en Amazon y debe ser legible la dirección, la fecha y el logo.

4. Documento de identidad: pasaporte, cédula o licencia de

conducir.

5. Número de teléfono de contacto.

6. Correo electrónico activo. Se recomienda dar un correo que no esté asociado a ninguna cuenta de Amazon comprador.

Consejos adicionales:

7. No es necesario tener una compañía, se puede abrir la cuenta como persona natural.

8. Si tu cédula de identificación no tiene fecha de vencimiento, Amazon no la acepta, se recomienda enviar la licencia de manejo escaneada o pasaporte.

9. Es importante que todos los datos deben coincidir entre todos los soportes, es decir el nombre completo de la persona y la dirección de la tarjeta de crédito deben estar escritas exactamente igual.

10. Los documentos se deben escanear en formato PDF, con buena calidad de resolución y grabados con nombres en inglés, por ejemplo: ID, Utility Bill, Driver License, Passport, Account Statement. No deben tener enmendaduras, datos borrosos ni márgenes negras alrededor del documento porque no son aceptados.

11. No tratar de abrir varias cuentas con la misma documentación. En caso de haber intentado abrir una cuenta en el pasado se debe recuperar la cuenta que se había intentado crear anteriormente.

12. Algunos colegas recomiendan subrayar con algún

resaltador de color claro los datos importantes como nombre y direcciones en la cuenta de servicios. Esto con el fin de que el funcionario de Amazon que revisa los documentos pueda identificar fácilmente dónde está ubicada cada información.

Amazon utiliza dos tipos de programas dependiendo del tipo de relación que busquen los vendedores con los clientes. Una es vender directamente a los clientes de la plataforma o vender los productos a Amazon para que éste último se los ofrezca a sus clientes. Estos programas son "Amazon Vendor" y "Amazon Seller"

AMAZON VENDOR

"Amazon Vendor" es un modelo mayorista y stá enfocado para fabricantes o propietarios de los derechos de una marca que busquen una relación cliente-proveedor con Amazon. El fabricante vende sus productos directamente a Amazon y ésta se encarga de realizar la logística, las operaciones comerciales y el servicio al cliente con cada comprador en Amazon.

A este programa se accede mediante invitación, y sólo los fabricantes o distribuidores que tengan autorización de las marcas que comercializan podrán solicitar acceso a Amazon Vendor Central. Para que esto suceda, el fabricante debe disponer de una cuenta muy activa en el programa Seller, el cual voy a explicar más adelante. Ser una marca muy relevante. Ser un fabricante y recibir una propuesta para fabricar los productos de la marca propia de Amazon.

Dentro de las características de este modelo es que las condiciones comerciales como suministros, plazos, descuentos, pagos y devoluciones se negocian de manera anual y para cada una de las categorías de producto. Luego Amazon carga los productos en su plataforma y emite la orden de compra al fabricante o distribuidor. La mercancía se envía a Amazon y ésta se encarga de todo lo relacionado con la venta. Amazon fija y modifica los precios de venta según su criterio. Tanto Amazon como el proveedor disponen de las herramientas analíticas de la empresa. El pago se recibe entre treinta y noventa días por el total de las unidades servidas, aunque éstas no se vendan.

Doce (12) ventajas del programa Amazon Vendor:

1. Amazon se encarga de vender los productos y tendrán la etiqueta de "vendido por Amazon", lo que impulsará sus ventas.
2. Mejor visibilidad de los productos en la plataforma.
3. Amazon se encarga de la logística: envío, gestión de devoluciones y atención al cliente.
4. El proveedor o "Vendor" no tendrá que invertir en estructura ni personal.
5. Los productos disfrutarán de las ventajas de Amazon Prime: Envío gratuito para el cliente, mayor visibilidad y más ventas.
6. Amazon factura a los clientes finales.

7. El proveedor se ahorra la necesidad de facturar uno a uno a los clientes y los gastos de tributación en los diferentes países en los que se vende.
8. Amazon utiliza las técnicas de promoción más efectivas en su plataforma para vender sus productos.
9. Los productos son encontrados más fácilmente en el buscador.
10. Estas técnicas de promoción elevan las ventas de manera muy eficaz.
11. Acceso a todo el sistema de Amazon Advertising, las soluciones publicitarias que establece Amazon. Muy buenas herramientas de marketing para aumentar la demanda y las ventas.
12. Los "Vendors" tienen acceso a Amazon Retail Analitics (ARA), las herramientas de análisis de ventas y tendencias de comportamiento de clientes.

Doce (12) Desventajas del programa Amazon Vendor:

1. Amazon establecerá arbitrariamente el precio de venta que considere oportuno en cada momento mediante su algoritmo.
2. Amazon realiza modificaciones del precio a la baja frecuentemente.
3. Si el proveedor quiere modificar alguna especificación del producto, ésta no será inmediata, requiere ponerse en contacto antes con el gestor de la cuenta de Amazon, lo cual dilata los procesos.

4. Al no tener acceso a los clientes, no se puede responder a ninguna consulta o comentario de los mismos.
5. Amazon paga a sus proveedores a treinta días, y además se cobra en ese caso una comisión de pronto pago.
6. Amazon puede devolver a los proveedores la mercancía no vendida en cualquier momento.
7. Si un producto tiene baja rotación, Amazon lo devolverá de manera inmediata.
8. Exigen un importante margen del producto al Vendor.
9. Vender a través de Amazon Vendor es costoso al igual que en los grandes retailers físicos como Walmart, El Corte Inglés, Best Buy o Carrefour.
10. Los "Vendors" o proveedores, pueden necesitar los servicios de un responsable de cuentas dedicado (Vendor Manager) que será el nexo de unión entre el proveedor y Amazon. Este sería un costo adicional.
11. Amazon intentará con frecuencia que el proveedor apoye las ofertas y promociones que se realizan con sus productos, mediante porcentajes sobre la venta, lo cual baja los márgenes de utilidad.
12. Amazon presiona a los proveedores para que éstos contraten campañas de marketing y así aumentar sus ventas. Esto acarrea más costos para el Vendor.

AMAZON SELLER

La otra forma es vender a través del programa Amazon Seller. Solo tienes que crear una cuenta de "vendedor", que te da acceso a la interfaz de "Seller Central". Al crear tu cuenta vía online, debes completar algunos datos: tarjeta de crédito, teléfono, datos de la empresa. Amazon revisa la información y obtienes el permiso para comenzar a operar. Luego cargas tus productos en la plataforma y usas la interfaz de tu cuenta utilizando las herramientas proporcionadas. Fija los precios y activa los productos para la venta. Al recibir el pedido del cliente, Amazon tramita y se lo envía. Amazon obtiene los ingresos de las ventas realizadas y te las consigna en tu cuenta registrada.

A diferencia del modelo anterior, el Seller es un agente que vende sus propios productos a los clientes finales dentro de la plataforma. Adicional, es el propietario de los productos hasta el momento de la venta y finalmente, los precios los fija el vendedor, que será también el encargado de mantener la disponibilidad del stock. El envío de los pedidos dentro del plazo establecido y de la manera correcta y requerida por Amazon también será responsabilidad del vendedor. La atención al cliente, la gestión de las devoluciones y aplicación de garantías y la facturación también le corresponden al Seller.

Aquí te dejo el código QR:

Ocho (8) Ventajas del Programa Amazon Seller:

1. Acceso a cientos de millones de clientes fidelizados que tiene Amazon.
2. Posibilidad para los vendedores de darse de baja o de alta en cualquier momento.
3. Capacidad para vender en varios mercados como es Amazon.com, Amazon México y donde trabaja Amazon en Europa.
4. Si el objetivo del proveedor es trabajar en más de un canal de venta, este programa puede ser muy beneficioso, ya que estar vinculado a Amazon ofrece una visibilidad enorme a los productos.
5. El vendedor puede controlar el precio de los productos en todo momento y el stock disponible es también su responsabilidad.
6. Es una buena opción cuando se busca investigar nuevos mercados o experimentar el comportamiento de nuevos productos.
7. Tiene mejores condiciones de pago con respecto al programa Amazon Vendor. El pago se realiza cada dos semanas, significativamente más rápido.
8. Aunque no se tiene acceso como tal a los clientes y sus datos, con el programa Amazon Seller se puede interactuar con ellos respondiendo consultas.

Cinco (5) Desventajas del Programa Amazon Seller:

1. Costos indeterminados: Es muy complicado saber los costos previamente debido que cada comisión de venta es distinta en función de la categoría, los impuestos y los gastos de envío.
2. Si utilizas la logística de Amazon con el método FBA, cada pedido tendrá también unos costos distintos.
3. Cada producto tiene una ficha generada por Amazon igual para todos los vendedores, los cuales no pueden realizar prácticamente ninguna modificación más allá del título o las fotos. Sin embargo, en el programa Vendor sí que se puede personalizar dicha ficha casi de forma completa.
4. Los vendedores se deberán encargar de toda la logística y la atención al cliente con todos los gastos que ello conlleva. Salvo que se adhieran al plan FBA, cada vez más común.
5. Si el objetivo es una alta rentabilidad de las ventas, los marketplaces como Amazon no son la mejor opción, debido a que el porcentaje cobrado en el proceso de la venta reduce considerablemente la utilidad.

El programa Amazon Seller ofrece dos opciones a los vendedores:

1. Vendedor individual:

Es muy limitado, y está destinado a pequeños vendedores que desean probar la venta en Amazon al inicio y familiarizarse con el proceso. Tiene un límite establecido de cuarenta pedidos tramitados al mes. El vendedor individual no puede añadir productos nuevos al catálogo de Amazon, tiene que vender alguno ya existente, ni vender en otros países. No tiene costo la suscripción.

2. **Vendedor Pro:**

Permite acceso completo a la experiencia de venta, usando todas las herramientas y posibilidades que ofrece el programa. El pago de suscripción mensual es de $39,99 dólares.

Los costos de ventas son por venta realizada, mediante una comisión porcentual o tarifa por referencia que cobra Amazon a los vendedores en función de la categoría del producto. Se calcula sobre el costo total, incluidos gastos de envío o empaque. Aunque el porcentaje más frecuente es del 15%, éstos pueden variar entre el 5% y el 45%.

En el caso de los vendedores individuales pagarán una tarifa adicional de $1 dólar, llamada tarifa por venta de artículos por unidad vendida. Debes tener en cuenta esto al calcular los costos de tu artículo.

En cuanto a los costos de logística, los vendedores de Amazon tienen dos opciones en lo que a este ítem se refiere:

1. **FBM (Fulfillment by Merchant)** si el vendedor lo hace por sí mismo y los costos serán propios y diferentes para cada vendedor.
2. **FBA (Fulfillment by Amazon)** si utilizas la logística de Amazon, tendrás costos por almacenamiento, manipulación,

preparación de pedidos y envíos.

Los siguientes son algunos de los costos de Amazon en la logística de envío al 2023:

Tamaño estándar pequeño (15 x 12 x 0,75 pulgadas) oscilan entre $3,22 (hasta 4 onzas) a $3,77 (entre 12 a 16 onzas).

Tamaño estándar grande (18 x 14 x 8 pulgadas) oscilan entre $3,86 (hasta 4 onzas) a $7,17 + $0,16 por libra después de las primeras 3 libras (entre 3 a 20 libras).

Tamaño grande pequeño (60 x 30 pulgadas) (hasta 70 libras) $9,73 + $0,42 por libra después de la primera libra).

Tamaño superior al estándar mediano (108 pulgadas lado más largo) (hasta 150 libras) $19,05 + $0,42 por libra después de la primera libra).

Tamaño superior al estándar grande (108 pulgadas lado más largo) (hasta 150 libras) $89,98 + $0,83 por libra después de las primeras 90 libras).

Tamaño grande especial (mayor de 108 pulgadas lado más largo) (más de 150 libras) $158,49 + $0,84 por libra después de las primeras 90 libras).

El peso del envío se calcula en función del peso unitario o

dimensional del artículo. Aparte de las tarifas de gestión logística por unidad existen algunos recargos dependiendo de los tamaños. Tomado de la fuente de Amazon abril 2023, sin embargo, a continuación, tienes el código QR para revisar las tarifas al día:

Las tarifas de almacenamiento corresponden a un dinero que se paga a Amazon por el almacenamiento mensual de los productos en sus bodegas. A continuación, podrás observar los precios en abril 2023 por pie cúbico de almacenaje.

Mes	**Tamaño estándar**	**Tamaño grande**
De enero a septiembre	$0.87 por pie cúbico	$0.56 por pie cúbico
De octubre a diciembre	$2.40 por pie cúbico	$1.40 por pie cúbico

En el anterior link y código QR también puedes acceder a las tarifas actualizadas en el momento que leas esta parte y podrás ver cómo van incrementando los precios a medida que avanza el tiempo.

Creación de cuenta Hyperwallet:

Según Amazon Seller, Hyperwallet colabora con Amazon para que se puedan recibir pagos en la divisa del país del vendedor. Hyperwallet es una empresa de servicios monetarios regulada y con licencia para hacer transferencias de dinero en Canadá,

Estados Unidos, el Reino Unido y la Unión Europea, además de contar con licencia para ofrecer servicios financieros en Australia. Ingresar a:

Luego seleccionar: login with Amazon.

Para la creación de la cuenta de hyperwallet debes:

1. Iniciar sesión en Seller Central. Ir a "Configuración" y dar clic en "Información de cuenta".
2. Estando en la página "Información de la cuenta de vendedor" y la sección "Información de pagos" darle enter en "Datos Bancarios".
3. Si ya se ha registrado una cuenta bancaria, dar enter en "Sustituir el método de depósito" o, si no, en "Asignar".
4. Seleccionar el país de la cuenta bancaria en el menú desplegable "País del Banco".
5. En el caso del sitio web de Amazon.com, si ya tienes una cuenta de Hyperwallet, vuelve a Seller Central, selecciona Estados Unidos como país del banco e introduce los datos de tu cuenta de depósito de Hyperwallet. A continuación, te dejo el código QR para otras consultas sobre Hyperwallet:

PASO 4

Encontrar productos ganadores

La búsqueda de un buen producto para la venta en Amazon es la clave para el óptimo funcionamiento y crecimiento del negocio. Es por esto que existen algunas herramientas fundamentales para facilitar dicha búsqueda. También con el fin de ser competitivo en el mercado y tener la información adecuada para decidir si invertir o no en un producto para la venta.

1. Keepa

Es una extensión para Chrome que permite ver los productos que más se venden en Amazon, además de conocer los que tienen mayor demanda y son más populares. Tiene su sede fuera de Europa y actualmente ofrece un historial de precios detallado de más de mil millones de productos de Amazon. Productos de Amazon en 10 países.

El sitio web de Keepa muestra muchos detalles sobre una amplia variedad de productos, como las principales ofertas actualmente. No es necesario que se registre con Keepa para acceder a esa información.

Keepa rastrea más de mil millones de productos y tiene un servicio gratuito, pero su verdadero poder se ve en su servicio de suscripción premium la cual brinda estadísticas como:

- Gráficos completos del historial de precios. No encontrará tantos detalles como los proporciona Keepa, en ningún otro lugar. Incluso con la versión gratuita, obtendrá muchos detalles útiles.
- Comparar los precios internacionales de Amazon.
- Importación de lista de deseos.
- Historial de precios.
- Alertas de caída de precios y disponibilidad. El programa te envía alertas de caída de precio cuando el precio cae por debajo de un precio establecido. También puede indicarte cuando algo esté disponible nuevamente.
- Productos en Amazon de diferentes países.
- Extensiones de navegador para filtros avanzados.

Una vez instalado, el gráfico del historial de precios de Keepa se mostrará directamente en cada página de producto de Amazon. Keepa también proporciona sus propias extensiones de navegador. Puedes descargar el mismo desde las respectivas tiendas de aplicaciones, como Keepa para Chrome, que se encuentra en la Tienda Virtual de Chrome. Con la extensión instalada, no necesitarás salir de la página del producto de Amazon y obtendrás todos los gráficos que necesitas allí mismo.

- Historial de Best Seller Rank.
- Registro opcional. Puedes utilizar Keepa para realizar un seguimiento de los precios de los productos sin tener que registrarte en su sitio web. Puedes utilizar la mayoría de las funciones que son gratuitas y utilizarlas para realizar tu análisis.
- Importación de lista de deseos. Importa tu lista de deseos de Amazon y realiza un seguimiento de todos ellos con los gráficos de Keepa. Puedes formar tablas de datos en Excel y obtener toda la información importante en un solo lugar.
- Ofertas, una descripción general de las recientes bajadas de precios

Keepa tiene una versión gratis y una versión paga, esta es una suscripción por 19 euros mensuales que brinda más información sobre el producto analizado; entre esta información adicional que permite ver son:

- Acceso al gráfico con el histórico del BSR del producto.
- Acceso al gráfico con el histórico de precios de Buy Box.
- Acceso a los gráficos interactivos del recuento de ofertas, historial de revisiones y valoraciones.
- Acceso básico a la API de Keepa.
- Seguimiento de histórico de precios.

Aquí te dejo el enlace para consultes la aplicación:

Manejo de la herramienta:

Para utilizar Keepa se debe ingresar a Amazon y dirigirse a la página del producto que se desea evaluar, al tener la extensión activa el vendedor debe bajar a la parte inferior de la página del producto hasta que identifique el siguiente gráfico. Las siguientes imágenes han sido tomadas de cleartheshelf.com:

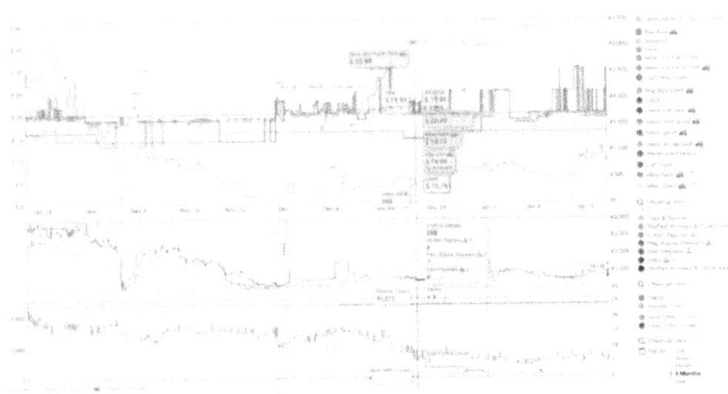

En la composición del gráfico anterior se evidencian tres divisiones (superior, media e inferior), cada una contiene información para la toma de decisiones. Sin embargo, se explicará únicamente las correspondientes al gráfico superior y al inferior, ya que son los que contienen información más relevante para un análisis general.

En la esquina inferior derecha aparecen las siguientes opciones, con las cuales se puede ajustar la gráfica para que brinde la información de un producto en diferentes rangos de tiempo. Solo basta con seleccionar la opción de tiempo deseada y la gráfica ajustará sus valores automáticamente. Se recomienda analizar la gráfica de 3 meses, un año y su totalidad desde que el producto es rastreado por Keepa.

Gráfico superior

En la franja derecha se evidencian múltiples opciones, de las cuales se deben activar. En particular, las que tienen un indicador circular de color al lado se activan haciendo clic sobre la opción.

Opción Amazon: Al activar el ícono de Amazon aparecerá una gráfica de color amarillo, esta estará sombreada y mostrará en que épocas del año Amazon ha vendido el producto.

Para comenzar, se recomienda evitar vender productos donde Amazon haya sido su vendedor en el último año. Lo anterior se recomienda porque cuando Amazon entra en un listado, la competencia es agresiva, ingresando con precios mucho más bajos y aumentando la dificultad de obtener la Buy Box. Sin embargo, existe el riesgo de que Amazon comience a vender algún producto en cualquier momento.

Opción New: Esta opción creará una gráfica con el histórico de precios de venta de aquellos vendedores que también utilizan el servicio de FBA, este se debe observar con base en los precios situados en el eje "y" en el lateral izquierdo.

Gráfico tomado de fulltimefba.

Opción de sales Rank: mostrará el BSR del producto. Entre más oscile en el eje de las ordenadas significa que el producto tiene movimiento en las ventas, ya que su Best Seller Rank se está moviendo e indicando ventas. En la siguiente imagen se muestra cómo un producto con muy buenas ventas tiene varios picos superiores e inferiores en la gráfica. Esta información se debe evaluar con los valores de la derecha que contienen un símbolo de Número "#."

Buy Box: Esta muestra el historial de precios de la Buy Box, su estabilidad indica un producto cuyo precio no suele variar en el tiempo y puede disminuir riesgos de bajas de precios en el momento de la venta.

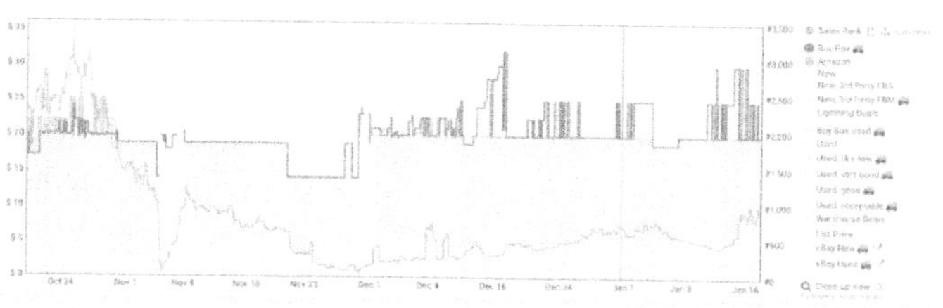

Selección de un punto en la gráfica: Si se desea conocer más a detalle toda la información en un día o en un punto en específico de la gráfica, se puede poner el cursor encima del mismo y aparecerá toda la información detallada para ese momento indicado. En la siguiente figura se muestra una selección específica y cómo es visible el precio, el rango de ventas, la cantidad de vendedores y demás información que se active.

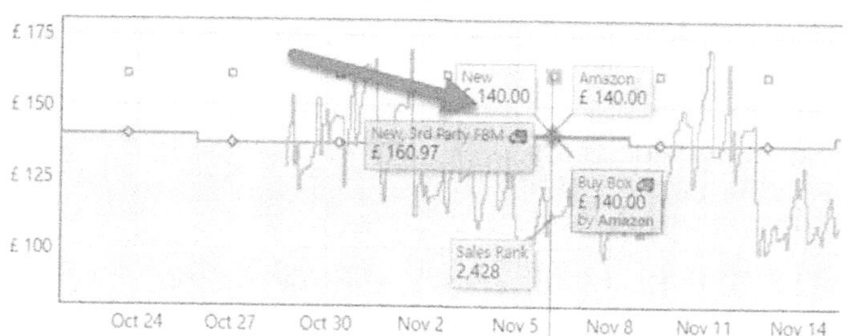

Gráfico tomado de bqool.com

Gráfico inferior: Este gráfico muestra la cantidad de vendedores que se encuentran vendiendo o han vendido este producto a lo largo de determinado tiempo. Se debe activar la opcion de "New Offer Count" para que las líneas sean visibles. Se recomienda analizar este gráfico a detalle, ya que una disminución de vendedores significa menor competencia, pero también una ausencia de vendedores puede significar un listing (Producto) con amonestaciones.

Se recomienda vender en listados donde no haya saturación de vendedores y donde se evidencie entrada y salida de vendedores, lo cual significa que el producto tiene buena rotación.

Información extra:

Luego de que la herramienta muestre todos los gráficos, aparece un listado de información adicional útil para los vendedores. Entre esta información se encuentra:

- Precios.
- Proveedor del producto.
- Marca del producto.
- Diversos rangos de venta.
- Stock de Amazon.
- Precios de Buy Box en diversos rangos de tiempo.
- Códigos relacionados con el producto.
- Códigos de variaciones.
- Color.
- Dimensiones de empaque.

2. **CamelCamelCamel:** Es un sitio web que rastrea el historial de precios de productos de Amazon. Mantienen una base de datos de precios de millones de productos en el inventario de Amazon. Actualmente, se admiten un total de 8

países.

Para utilizar el seguimiento de precios de CamelCamelCamel, puede descargar la extensión de su navegador. Actualmente es compatible con Google Chrome, Mozilla Firefox y Microsoft Edge.

Si no deseas descargar una extensión, simplemente puedes buscar el producto en su sitio web u obtener su "Bookmarklet". De esta manera, cuando esté viendo un producto en Amazon, simplemente puede hacer clic en el 'marcador' y lo llevará a la página de CamelCamelCamel para ese producto.

Toda la información se puede ver en la página del producto en CamelCamelCamel, como historial de precios, precio más bajo o precio de lista. Los servicios ofrecidos por CamelCamelCamel son completamente gratuitos.

Características de CamelCamelCamel:

- **Alertas de caída de precios:** Cuando utiliza la Alerta de caída de precio en CamelCamelCamel, recibe un correo electrónico que le avisa cada vez que hay una caída de precio en su producto favorito. Simplemente tiene que establecer el precio deseado y cada vez que ese precio coincida o baje, recibirás una alerta instantánea a través de un correo electrónico.
- Importación de lista de deseos de Amazon: Te permite importar listas de deseos desde tu cuenta de Amazon a CamelCamelCamel para obtener el historial de precios de todos

los productos. Luego, puedes colocar esos productos en el reloj de precios para recibir una alerta cuando haya una caída de precios.

- Gráficos de historial de precios: Una de las características más importantes de CamelCamelCamel son sus gráficos de historial de precios. El gráfico Historial de precios te muestra el precio de un producto en particular durante un período de tiempo. Puedes seleccionar el período de tiempo para el que deseas los datos. Esto te ayuda a analizar en qué época del año se puede hacer un descuento en un producto. No solo que también hay datos de disponibilidad, por lo que sabrá cuándo un producto está disponible o agotado.
- The Camelizer: Camelizer es el nombre de la extensión del navegador para CamelCamelCamel. Con esto, puedes ver los gráficos de historial de precios de los productos sin salir del sitio web de Amazon. De esta manera, puede crear instantáneamente una observación de precios para ese producto sin tener que ir al sitio web de CamelCamelCamel. Puedes descargar el complemento de Mozilla desde la propia página de Firefox, y para la extensión de Chrome CamelCamelCamel, debes ir a la tienda web de Chrome.
- Búsqueda de productos de Amazon: Si estás en el sitio web de CamelCamelCamel, puedes buscar directamente los productos en Amazon y ver su historial de precios, gráficos, etc. No tienes que ir a Amazon, obtener el enlace del producto y volver. Lo han hecho bastante simple de usar.

A continuación, te dejo el código QR:

3. RevSeller

RevSeller también es una extensión de Google Chrome que proporciona a los vendedores de Amazon datos adicionales a los que normalmente no tiene acceso cuando ven la página de un producto. Esta herramienta tiene un costo de $99,99 dólares por año y también tiene la opción de 30 días de prueba totalmente gratis.

Esta herramienta proporciona la siguiente información:

- Precios actuales y medios.
- Dimensiones.
- Un enlace a Keepa.
- Rangos de ventas actuales y promedio.
- Variaciones y reseñas por variación de producto.
- Una calculadora de ROI incorporada para elementos MFN y FBA.
- ASIN y ASIN principal.
- Peso.
- Un enlace para verificar las restricciones.

Visualmente, la herramienta se ubica a mano derecha en cada producto de Amazon.

Gráfico de https://onlinesellingexperiment.com/

Para obtener esta herramienta se debe ingresar en el siguiente link y luego seleccionar en "try it free".

Debes ingresar tu correo electrónico y un password con un mínimo de 8 caracteres para tu cuenta. Posteriormente se debe hacer la vinculación con Amazon y descargar la extensión dando enter a: "Download extension". Finalmente seleccionas la opción de agregar a Chrome y ya estará lista la herramienta para ser utilizada, la cual se ubicará en la parte superior derecha del navegador de la barra de búsqueda con el ícono RS.

Para configurar la herramienta debes darle enter a Settings que se encuentra en la esquina superior izquierda.

En esta opción se configurará la herramienta, para este caso utilizaremos la columna derecha que corresponde a el servicio logístico de FBA en el cual se recomienda:

• Seleccionar con un gancho en la casilla de "Include Storage Fee", porque Amazon cobrará unas tarifas por el almacenamiento del producto en las bodegas y debes analizar este valor para evaluar si el producto es rentable.

• Agregar un valor a Other que corresponda a la suma de los costos del centro de preparación más un costo por envío a Amazon. Por ejemplo, ingresa el valor de $3,00 dólares, $1.20 dólares correspondiente al centro de preparación y $1.80 de envío aproximadamente.

• Monthly storage fee: Corresponde a la cantidad de meses que el producto va a estar almacenado en Amazon antes de venderse. Aunque el ideal es vender los productos lo antes posible y con la mayor rotación, se recomienda tener entre 3 y 5 meses de consideración ya que algunos productos pueden no venderse como se esperaba.

En la segunda sección de la configuración, se recomienda dejar los valores predeterminados por la herramienta.

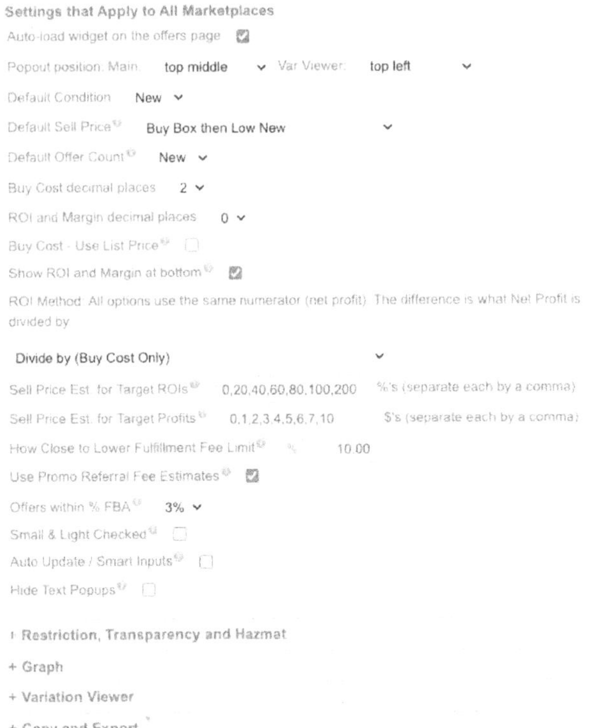

Si has escogido el programa de logística FBA por parte de Amazon, debes analizar solo el lado derecho de la herramienta RevSeller, debido que el lado izquierdo es para vendedores que trabajan con la opción FBM.

RevSeller se basa en 3 datos importantes:

- **Dimensiones, ranking y autorización.** Esta herramienta brinda todas las especificaciones del producto tales como: ASIN, Dimensiones, Best Seller Rank en la categoría principal y si el producto requiere o no autorización.
- **Precio, costo y retorno:** solamente se es necesario ingresar el precio a como fue encontrado el producto en otra tienda, esta herramienta descontará las tarifas de Amazon según

las medida y peso del producto, entregará la rentabilidad del producto y su retorno de la inversión.

Se recomienda vender productos que tengan un ROI como mínimo de 35% y una rentabilidad de por lo menos 4 dólares.

Si se presiona en la "i" ubicada al lado de la ganancia neta se puede ver la discriminación de todas las tarifas cobradas por Amazon que fueron descontadas para determinar la ganancia neta.

- **Variaciones:** Algunos productos cuentan con variaciones de color, talla, sabor, etc. Esta herramienta permite ver todas las variaciones del producto y cuáles de ellas tienen mejores referencias. Esto es útil, ya que se recomienda comprar las variaciones de producto que más calificaciones y ventas tengan. Algunos productos se venden más en ciertos colores y variaciones específicas.

Se debe seleccionar la opción de Variation viewer.

4. Ip Alert

Ip Alert es una extensión de Google Chrome que, cuando el usuario se encuentra en una página de un producto de Amazon, informa qué quejas de propiedad intelectual se han presentado en contra. El usuario recibe una pequeña alerta en el centro de la pantalla, y se muestra una recomendación para evitar vender dicho producto con el fin de no tener problemas a futuro de propiedad intelectual.

A continuación, les dejo el código QR:

5. Tactical Arbitrage

Es la plataforma para la búsqueda de productos con grandes descuentos en tiendas online para su posterior venta en Amazon. Proporciona más de 1,000 sitios minoristas en línea de fácil búsqueda para escanear sus miles de categorías, con los medios para agregar también sitios únicos propios. Los algoritmos avanzados calculan rápidamente las tarifas de Amazon, los descuentos de origen, los reembolsos en efectivo y los costos de envío para garantizar que sus ganancias y ROI sean lo más precisos posible.

$$ROI = \frac{\text{Ingreso}}{\text{Inversión en activos}}$$

Incluyen la siguiente información:

- Métricas de ventas estimadas.
- Carpetas de productos guardadas que puede volver a escanear o descargar.
- Períodos promedio de rango y precio.
- Niveles de stock de la competencia.
- Análisis de variación de productos.

- Reconocimiento de imágenes.
- Filtros.

A continuación, el código QR:

6. Repricer

El Repricer se trata de una forma de actualizar los precios de los productos online con cierto grado de automatización. Existen varios softwares que hacen esta función, todos ellos incluyen:

- Monitorización de precios y agilidad.
- Automatización inteligente.

Este es el código QR:

PASO 5

¿Cómo comprar en Alibaba?

Alibaba es una tienda en línea con miles de compradores y proveedores, la mayoría de ellos son proveedores chinos y algunos son de otros países. Alibaba Group posee la empresa de comercio electrónico más grande y sus sitios hermanos como Taobao, AliExpress y 1688. A diferencia de Amazon o eBay, Alibaba facilita el comercio B2B.

Muchos compradores buscan un producto específico en la barra de búsqueda, obtienen una categoría de producto de múltiples proveedores y pueden obtener sus propios productos por debajo del precio de mercado. Luego el comprador contacta a un proveedor de confianza. Aunque Alibaba es principalmente para B2B, no todos los vendedores están regulados solo al por mayor. Algunos proveedores potenciales conservan el acceso a productos personalizados y permiten que los compradores impriman su propio logotipo en el empaque del producto.

¿Es Alibaba un sitio seguro para comprar?

Sí. Alibaba es un sitio legítimo y seguro. Cientos de negocios se conectan y discuten sus necesidades para comenzar a vender en línea.

Recuerda que existen posibles estafas, por lo que reduces el riesgo al elegir un proveedor con mínimo un diamante naranja y puedes incluir en la lista negra las estafas de los proveedores. Los pedidos de garantía comercial son la forma más segura de probar los productos de Alibaba, protegiendo tanto al comprador como al proveedor.

¿Por qué los productos de Alibaba son tan baratos?

Los productos de Alibaba tienen precios bajos por las siguientes razones:

- Impuesto de importación reducido.
- Mayor disponibilidad de mano de obra.
- Venta directa de productos a compradores. Sin participación de terceros miembros.
- Precios de producción más bajos debido a los precios mayoristas de las materias primas en los mercados.

¿Cómo comprar en Alibaba?

1. Crea una cuenta de Alibaba

Antes de comprar en Alibaba, debes crear una cuenta. Para hacer esto, ve a registrarte en Alibaba y agrega la información solicitada:

- Compañía o nombre del comprador.
- Propósito de la cuenta.
- El nombre completo de la cuenta.

- Dirección de correo electrónico.
- Número de teléfono.

Puede seleccionar la cuenta del comprador o elegir ambas cuentas: vendedor y comprador. Luego ve a la página de inicio de Alibaba e inicia sesión.
Adjunto código QR:

¿Cómo encontrar tu nicho de mercado?

El nicho es un aspecto esencial de tu e-commerce. Necesitas definir el nicho. Puedes buscar el nombre de tu producto deseado y encontrar el inventario apropiado para lograrlo.
Prefiere siempre los artículos más vendidos debido a la amplia gama de categorías de productos. Realiza una investigación meticulosa y enfócate en productos de temporada para obtener los máximos ingresos y ROI. Puedes usar herramientas de búsqueda de productos como Keepa que menciono en el anterior Paso 4, o realizar manualmente un buscador de productos. Hay algunas categorías de productos que debes evitar, como los productos de marca, especialmente como nuevo importador.

¿Cuáles son algunas ventajas y desventajas de comprar en Alibaba?

Ocho (8) Ventajas:

1. Dado que los fabricantes son los mejores vendedores directos en Alibaba, tendrás mayores márgenes de beneficio. Primero recibes varias cotizaciones, luego empiezan las negociaciones. Además, pedir muestras te ayuda a probar los productos antes de abastecerte.
2. Hay muchas oportunidades en la categoría de los más vendidos, ya que las existencias aumentan a diario.
3. Si quieres ser una marca, hay disponibles etiquetas blancas o diseños personalizados. Puedes nombrarlo como tú quieras.
4. La oferta personalizada te ayuda a diseñar productos populares como Smart TV en función de tu público objetivo.
5. Te da un sentido de pertenencia.
6. Aunque es un poco complejo para un principiante, el proceso de investigación es simple y completo. Las herramientas de soporte pueden enviarte a la persona exacta que necesitas.
7. Hay una opción para enviar y compartir solicitudes automáticamente cuando genera una gran demanda.
8. Puedes solicitar muestras, inspecciones o auditorías de fábrica para verificar la calidad del producto.

Cinco (5) Desventajas

1. No se puede comprar un producto en particular a un precio muy competitivo. Cuanta menos cantidad compras, mayor será el precio. Por lo tanto, siempre debes considerar la Cantidad Mínima de Compra. En mi opinión, esto es complicado para los propietarios de pequeñas empresas. Recomiendo negociar con el proveedor para comprar al menos cincuenta unidades del producto.
2. No puede vender un artículo de marca en su región sin la autorización del distribuidor. Por lo tanto, es mejor no comprar productos de marca china. En el caso de vender en algunos de los Amazon de Europa, México, Canadá o Estados Unidos no habría inconvenientes.
3. No obtendrás una foto de alta calidad de tus mejores productos porque muchos fabricantes son pymes. O bien, es posible que hayan cambiado recientemente al comercio electrónico. Por lo tanto, es posible que no tengan personal de fotografía profesional.
4. El tamaño de la ropa es diferente en Asia. Si escoges un nicho de línea de ropa, te recomiendo pedir muestras en físico para que estés seguro.
5. Los artículos delicados y frágiles pueden llegar defectuosos o rotos. Por lo tanto, no es una buena opción para principiantes.

¿Cómo elegir un proveedor confiable?

Un proveedor confiable garantiza una excelente experiencia de compra en Alibaba. Puedes filtrar los resultados de la búsqueda y seleccionar los siguientes tipos de proveedores en Alibaba:

- **Garantía comercial de Alibaba:** Los proveedores de Trade Assurance Alibaba ofrecen garantía de devolución de dinero bajo condiciones específicas. Incluso si la tasa de defectos del producto es más alta, podrían reembolsarte.

Si estoy buscando covers para celular IPhone7 en cuero podría encontrarme con el siguiente proveedor:

Trade Assurance es una iniciativa de protección comercial lanzada por Alibaba para mejorar el nivel de confianza entre compradores y proveedores. Este es un servicio gratuito que se ofrece a los compradores en el contrato de garantía comercial y el fondo de garantía comercial.

Trade Assurance permite a los proveedores obtener mejores

productos en Alibaba. Los proveedores participantes son confiables y definitivamente se reducen las posibles transacciones fraudulentas.

Alibaba establece ciertos criterios de elegibilidad, y su pedido debe cumplir con estos criterios para calificar para Trade Assurance.

Ofrece una garantía de devolución del 100% del dinero en transacciones fraudulentas y bienes dañados.

- Proveedor de oro de Alibaba: Alibaba Gold Supplier es un proveedor premium que se ha sometido a un proceso de verificación por parte del equipo de Alibaba. Se lleva a cabo una verificación inicial de los proveedores de oro. Sin embargo, tenga en cuenta que el hecho de que un proveedor sea un proveedor de oro en Alibaba no significa que el proveedor tenga productos de buena calidad.

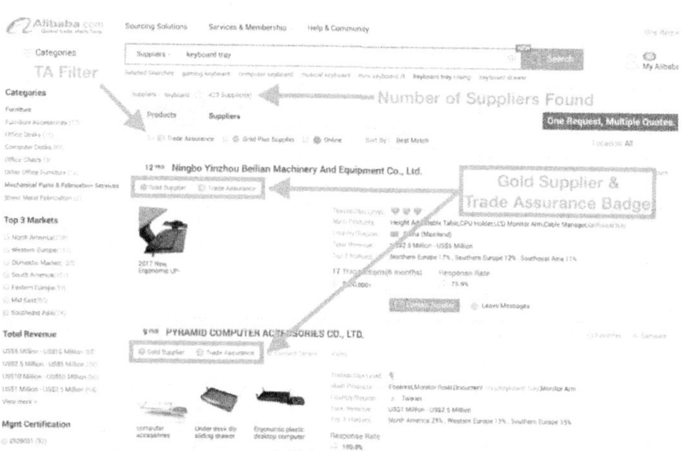

Foto obtenida de JungleScout

- **Proveedor verificado:** Los proveedores verificados de Alibaba son empresas que se han sometido a una verificación exhaustiva por parte de una empresa de inspección externa. Incluye una revisión de varios aspectos de la empresa comercial.
- **Reseñas sobre Alibaba:** Antes de realizar cualquier compra, puedes consultar las Reseñas de los clientes de la empresa comercial para garantizar su autenticidad. Este es un paso crucial en el comercio de Alibaba.
- **Solicitud de cotizaciones al proveedor:** Comunícate con el proveedor para solicitar muestras u obtener una cotización del producto antes de aceptar comprar una gran cantidad de un producto específico.
- **Solicitud de muestras:** Las muestras de Alibaba le permiten superar el proceso de control de calidad. Colócate en contacto con un proveedor escogido y solicita una muestra del producto. Posteriormente, puedes evaluar la calidad del producto y decidir si comprarlo o no. Es importante pedir muestras si el proveedor realiza personalizaciones o etiquetado privado en sus productos.
- **RFQ:** La RFQ (Request for Quotation) de Alibaba se refiere a una solicitud de cotización. El comprador permite a los vendedores ofertar por su proyecto en este proceso. Alibaba RFQ es una gran oportunidad para tener una idea del precio y comparar la calidad de los productos de múltiples proveedores. Además, los compradores pueden gestionar cada cotización en la plataforma de solicitud de cotizaciones de Alibaba. Las

licitaciones son una herramienta muy útil cuando se desea comparar precios de diferentes proveedores para encontrar el precio más bajo posible. Existen cuatro tipos de RFQ de Alibaba:

- Oferta invitada: el comprador invita a vendedores específicos a ofertar.
- Oferta abierta: el comprador permite a los vendedores ofertar abiertamente y verificar las ofertas de otros proveedores.
- Cotización sellada: los vendedores envían una cotización para el inventario. Una oferta sellada solo será visible para los proveedores a los que se la envíe.
- Subasta inversa: el vendedor que ofrece el precio más bajo gana la subasta.

¿Cómo funciona la RFQ de Alibaba?

La publicación de la solicitud de cotización por parte del cliente es muy sencilla. Solo necesita unirse a la cuenta de Alibaba, completar el formulario de registro de RFQ y presionar "enviar RFQ". Cuando se envía la solicitud de precio, los expertos de Alibaba la revisarán antes de publicarla o publicarla en el mercado. Entonces será emparejado con un proveedor ideal. Los proveedores buscarán RFQ relacionadas según el nombre y la categoría del producto. Si la solicitud de precio es de interés para el proveedor, le ofrecerá el precio más bajo a través de la solicitud de precio. Luego puede calificar, comparar y solicitar una cotización.

- **Negocia los detalles:** Discutir y establecer los términos y condiciones es un gran paso. Facilita la confianza mutua entre compradores y vendedores. Puede haber proveedores extranjeros, no se preocupe por la barrera del idioma, Alibaba puede configurar el idioma o puede usar Google Translate. Puedes contactar proveedores y negociar los siguientes servicios.
- **MOQ:** MOQ se refiere a la cantidad mínima de compra. Si el vendedor tiene un MOQ alto, puede solicitar un MOQ bajo antes de realizar pedidos grandes. Mi recomendación es que comiences con 50 artículos.
- **Preguntas exactas:** Puede hacer las preguntas precisas sobre la empresa, los productos, la cantidad del pedido, el precio unitario y, lo que es más importante, los términos y las instalaciones de envío con el proveedor de tu elección. Esto evitará futuras confusiones y permitirá intercambios fluidos. A continuación, te dejo una lista de preguntas:

Preguntas para hacerle a la empresa:

- ☐ ¿Cuál es el nombre de tu negocio?
- ☐ ¿Es usted un proveedor externo o un fabricante directo de los productos?
- ☐ ¿Dónde está ubicada su empresa en China o en cualquier otro país?

- ☐ ¿Cuál es el estado de su negocio en China?
- ☐ ¿Tiene una licencia comercial para su negocio?
- ☐ ¿Estás verificado en Alibaba?
- ☐ ¿Cuáles son las marcas más importantes en asociación con usted?
- ☐ ¿Tiene alguna certificación relacionada con su negocio?
- ☐ ¿Tiene estatus de proveedor de oro en Alibaba?
- ☐ ¿Permite órdenes de garantía comercial?

Preguntas para hacer a los proveedores de Alibaba sobre los productos:

- ☐ ¿Cuál es la calidad de los productos producidos?
- ☐ ¿Qué materiales contienen sus productos?
- ☐ ¿Permiten muestras de productos?
- ☐ ¿Las muestras de sus productos son gratuitas o de pago?
- ☐ ¿El empaque de su producto es personalizado o no?
- ☐ ¿Permite a los compradores el estado de los derechos de autor?
- ☐ ¿Permite características personalizadas en sus productos?
- ☐ ¿Cuál es el tamaño del producto?
- ☐ ¿Cuál es el tiempo de producción para 50 o 100 piezas en stock?
- ☐ ¿Cuál es una cantidad mínima de pedido?

Preguntas para hacerle a los proveedores de Alibaba sobre el precio:

- ☐ ¿Cuál es el precio unitario de los productos disponibles?
- ☐ ¿Cuánto cobran por las muestras de productos?
- ☐ ¿Qué método de pago acepta?
- ☐ ¿Permiten muestras gratis?
- ☐ ¿Cuáles son los gastos de envío desde China a mi país?
- ☐ ¿Son aplicables los aranceles aduaneros a mis productos?
- ☐ ¿Pueden bajar el precio del producto si pido los productos al por mayor?
- ☐ ¿Cuánto precio cobran por las muestras de productos?
- ☐ ¿Hay otras tarifas ocultas al comprarte el inventario?
- ☐ ¿Permiten descuentos en pedidos de gran tamaño?

Preguntas para hacerles a los proveedores de Alibaba sobre el envío:

- ☐ ¿Cuál es el método de envío que utiliza?
- ☐ ¿Cuáles son los diferentes métodos de envío disponibles para el envío de productos?
- ☐ ¿Qué método de envío sería el mejor para enviar mi producto?
- ☐ ¿Permite que el comprador elija el método de envío?
- ☐ ¿Cuánto tardaré en recibir mis productos?
- ☐ ¿Proporcionan una identificación de seguimiento de envío para rastrear mi pedido?
- ☐ ¿La empresa de transporte empaca y desempaca nuestro inventario cuando llega a nuestra ubicación?
- ☐ ¿Cuáles son los términos de envío?

☐ ¿Cuál es su experiencia con empresas de logística?

☐ ¿Cómo garantiza la entrega de inventario confidencial?

Preguntas para hacer a los proveedores de Alibaba sobre reembolsos:

☐ ¿Permite órdenes de garantía comercial?

☐ ¿Puedo solicitar un reembolso completo?

☐ ¿Cuál es el procedimiento de reembolso cuando trabajo con ustedes?

☐ ¿Cómo funciona el proceso de Financiamiento Parcial?

☐ ¿Hay reembolsos disponibles si la calidad del producto es baja?

☐ ¿Permiten reembolsos si las entregas de productos se retrasan?

☐ ¿Cuánto tardaré en recibir el reembolso?

☐ ¿Debo solicitar la devolución cuando los productos no cumplen los requisitos?

☐ ¿Hay reembolsos disponibles en todos los productos?

☐ ¿Se transferirán los fondos directamente a mi cuenta bancaria después del reembolso?

- **Decide tu método de pago y envío:** El precio del producto y el envío de los proveedores son otros pasos cruciales para discutir. Puedes chatear con los vendedores sobre el pago por Alibaba. Determina el método de cancelación seguro disponible para pagar a la mayoría de los proveedores por su inventario. Por lo general, es por transferencia bancaria, carta de crédito, transferencia por Western Union o con tarjeta de crédito.

- **Métodos de entrega:** Puede discutir la logística, obtener el número de seguimiento y rastrear su envío antes de que llegue. El transporte aéreo y marítimo son buenas opciones de envío. Puede confirmar los gastos de envío de la mercancía enviada. Ten en cuenta que los costos pueden variar según el tiempo de envío de Alibaba que hayas elegido.

¿Por qué los gastos de envío de Alibaba son tan caros?

El costo de envío de Alibaba es caro principalmente debido a la distancia. Si desea comprar algo y que lo envíen a los Estados Unidos, debe considerar la distancia entre los dos países. Situada en Asia, China está bastante lejos de los Estados Unidos de América, a 6000 millas. Calcula la ruta más corta entre los 2 países. Si consideras las rutas más cortas, siguen siendo 6000 millas. Alibaba cobra a sus clientes por la distancia. Algunos de los otros factores que afectan los costos de envío de Alibaba son el peso y la cantidad de sus artículos.

☞ **A continuación, te desgloso todo el proceso de envío de Alibaba:**

Paso 1: Pide productos al proveedor adecuado: Nota para diferenciar las empresas comerciales de los fabricantes.

Paso 2: Realiza el control de calidad: Garantizar la calidad del producto antes de la entrega. El control de calidad es vital, especialmente para productos de marca con altos costos de envío.

Paso 3: Revisa las regulaciones para obtener opciones de envío confiables: El transporte aéreo, terrestre y marítimo tienen sus ventajas y desventajas. A partir de ahí, seleccione un método de envío apropiado o más barato para ahorrar dinero.

Paso 4: Elige un agente de carga de acuerdo a la ruta comercial entre dos países.

Paso 5: Selecciona agentes aduanales: Pueden ayudar a facilitar tu comercio internacional. Puedes permitirles administrar tus procedimientos y costos de despacho de aduanas. Recuerda obtener información aduanera para fines administrativos. Necesitarás información diferente para los puertos de importación y exportación.

Paso 6: Organiza el envío desde Alibaba: Coordina el envío según las restricciones de tamaño. Después de confirmar los detalles, puedes enviar tus pedidos al transportista. Ellos organizarán el envío desde Alibaba para ti.

Paso 7: Realiza los pagos a los transitarios: Puede pagar en su cuenta bancaria mediante transferencia bancaria, Western Union u otros mencionados anteriormente.

Paso 8: Has un seguimiento con tus compradores: Verifica si se recibieron dentro del tiempo de entrega y busca oportunidades de mejora.

Verifica la calidad del producto

Es necesario evaluar la calidad del artículo. Supongamos que califica su criterio; simplemente extraordinario. De lo contrario, puede seguir el proceso de reembolso a través del programa de garantía comercial de Alibaba. Un proceso de reembolso parcial o total está disponible a través de pedidos de garantía comercial.

¿Cómo abrir una disputa si no estás satisfecho con los productos?

Si sospechas que el producto tiene problemas de calidad, puede abrir una disputa por estos artículos. Proporciona reembolso parcial o total. Puedes encontrar la opción Solicitar reembolso y completar el formulario para crear la disputa en la página de detalles del pedido.

¿Cómo evitar con éxito las estafas de Alibaba?

Para evitar las estafas de Alibaba, te recomiendo seguir estas prácticas:

- Encuentra proveedores con insignias de verificación y prefiérelos.
- Si el estado del proveedor chino es miembro Gold, también es una opción segura.

Puedes explorar las órdenes de garantía comercial que brindan reembolso al instante por razones específicas.

Finalmente, te voy a dar unos consejos claves antes de que empieces a comprar en cualquier Marketplace, como en este caso, Alibaba.

Ocho (8) claves de oro:

1. Compra pequeñas cantidades

Así hayas encontrado el producto de tu vida por una ardua investigación de mercado, no compres miles de piezas iniciando. Mi recomendación es que compres entre 50 a 100 unidades para que puedas probar el producto de cómo se mueve en el mercado.

2. Lanza simultáneamente 3 productos diferentes.

Prueba con 3 productos en diferentes nichos de mercado. A medida que avanza tu proceso de venta irás detectando cuál producto se vende más rápido y cuál te deja más margen de ganancia. En caso que haya un producto débil en ventas, lanza otro nuevo producto para irlo probando y tú decides si retiras de tu portafolio de productos aquel artículo que no te conviene.

3. Con esfuerzo y constancia se logran resultados

Este es un negocio que, trabajándolo con disciplina, perseverancia y sobre todo paciencia se obtienen buenas ganancias. No esperes que te vas a llenar de la noche a la mañana. Eso rara vez sucede, aunque sí ha sucedido.

4. Escoge vendedores con más de tres años

Es importante que nuestro proveedor tenga una trayectoria vendiendo en Alibaba.

5. Proveedor con al menos un diamante color naranja

Con esto garantizas que el vendedor maneja un flujo considerable de ventas y tiene buen servicio al cliente.

6. Elegir vendedores con 4,2 estrellas en promedio hacia arriba.

Lee algunas de las calificaciones de los clientes. La cantidad de opiniones también son importantes, así como el promedio de estrellas que mínimo debe tener.

7. Contacta al proveedor antes de comprar

Al contactar al proveedor puedes negociar, la cantidad de artículos, el precio de compra y del flete, sea marítimo o aéreo.

PASO 6

Encontrar al proveedor correcto

Antes de escoger el proveedor correcto busqué el producto adecuado que se encontrara entre: alta demanda, poca competencia y altos márgenes. Para hacer esto, usas datos por categoría de producto: el mercado y sus jugadores, la cantidad de ventas, la cantidad de compradores, reseñas de clientes, etc. Para evaluar tendencias y comenzar con el producto de Amazon correcto, los softwares ilustrados en el Paso 4 te ayudarán.

Para detectar una posible oportunidad en Amazon, observa productos con altos números de ventas, tiendas jóvenes con bajas reseñas. Luego identifica cómo ofrecer una mejor oferta; por ejemplo, a través de las reseñas de los clientes. Finalmente, prefieres productos con márgenes altos y que se vendan repetidamente (productos para el cuidado corporal vs. muebles de madera).

Para lograr todo lo anterior debo encontrar un buen proveedor en Alibaba, lo cual no es fácil debido a la cantidad de ofertantes que existen. Necesitas tener un procedimiento de selección, antes del primer contacto y después. Primero, cuando ingreses tu producto, obtendrás miles de resultados. Sin embargo, el mismo proveedor ofrecerá el mismo producto varias veces, por lo que, para hacer una primera clasificación, haga clic en la pestaña "Proveedores" y luego colócales gancho a las casillas Trade Assurance y Verified Supplier que se encuentran en el menú a la izquierda. Si esta es tu primera compra, deberías considerar usar Trade Assurance, el servicio de depósito en garantía de Alibaba.

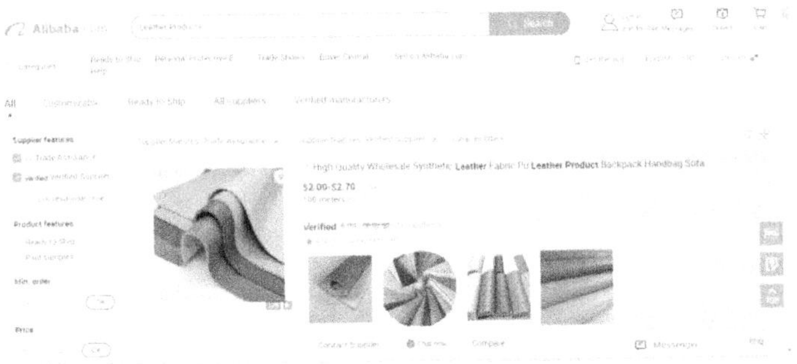

Importante a la hora de ir seleccionando es verificar que al menos tenga un diamante naranja y mínimo tres años en el mercado. Luego saca una lista de al menos 30 proveedores, contáctalos y hazles las preguntas que viste en un paso anterior. Después de esto, tendrás una lista más reducida.

Busca información adicional por internet de las empresas de esta segunda lista. Detalla sus productos.

Tener en cuenta que muchas veces lo barato sale caro. El precio no debe ser el único criterio de elección, también debe considerar la calidad, las condiciones de pago debido que esto afectará tu flujo de efectivo y el tiempo de entrega.

Pregunta cuáles son sus principales países de exportación. Recuerda que debe tener mejor calidad si el proveedor exporta a Europa que si envía sus productos a India debido a que los requisitos no son los mismos.
Solicita una muestra y no dudes en preguntar si lo hicieron ellos mismos. Lo que ves por internet no siempre es lo que obtienes, todos ellos saben cómo usar Photoshop. Es importante revisar los comentarios respecto a su servicio al cliente.

Debes generar confianza mostrándote como un comprador serio, aunque estés comenzando. Obtendrás más respuesta si haces que parezca una empresa con empleados. Tener un correo con extensión propia da mejor impresión al proveedor que un gmail.com, hotmail.com, o yahoo.com.

Hacer preguntas ayudará a diferenciar a los proveedores que son buenos.
No juzgues al proveedor por su tasa de respuesta en la plataforma, debido que no se tiene en cuenta otros medios de comunicación de uso frecuente, como el correo electrónico o videoconferencias.

Evita a los proveedores que intentan examinar tu negocio cuestionándolo, porque solo buscan trabajar con grandes empresas. No pierdas tu tiempo.
Localiza la ubicación del proveedor: Guangzhou y South China

(Sur de China) son mejores opciones que proveedores ubicados en regiones dentro del país, porque puede ser más caro para el envío.

¿Cuándo negociar?

Definitivamente al inicio: en la selección de proveedores, pero también cuando los volúmenes crecen: a mayores volúmenes, menor precio por unidad. Algunas veces hay factores externos como fluctuaciones monetarias, aquí también puedes volver a negociar. A veces el fabricante tiene la culpa en algún problema, puedes negociar los precios a futuro y pedir una compensación.

Establecer el precio de venta:

Enfoque basado en costos: puedes comenzar con el precio de venta para calcular el costo de tu producto. Según los expertos en ventas por Amazon, el precio se multiplica por 3. Si el producto te cuesta $5,00 dólares, deberías venderlo por lo menos en $15,00 en Amazon, ese es el mínimo.

PASO 7

Crear tu marca privada con proveedores de Alibaba

CONATOC S
C616

En el anterior paso vimos cómo escoger el proveedor correcto, ahora enfoquémonos en los proveedores que me den la opción de fabricar mi marca privada.

¿Cómo encontrar proveedores de marcas privadas de Alibaba?

Si tienes ideas de productos, puedes crear productos personalizados para crear tu propia marca. Los proveedores de etiquetas privadas te permiten obtener derechos de propiedad intelectual de productos personalizados y etiquetar el inventario con el logotipo de tu empresa. Algunos proveedores incluso pueden proporcionar un embalaje personalizado.

Para descubrir los vendedores de etiquetas privadas de Alibaba, puedes insertar el nombre del producto y probar el filtro "Tipo de proveedor". Alternativamente, puedes enviar mensajes a los vendedores directamente para negociar precios o personalizar tus productos.

Muchas marcas piden existencias a proveedores chinos. La

pregunta surge ¿cómo hacer que tus productos lleven tu marca en lugar de la de los proveedores chinos. La respuesta es simple: busca la opción etiqueta privada de Alibaba.

Muchos proveedores y fabricantes en China permiten a los compradores obtener derechos de propiedad intelectual y utilizar sus propias etiquetas de marca. Las etiquetas privadas tienen ciertas ventajas y desventajas. Debe conocer los estándares de seguridad antes de optar por productos de marca privada.

¿Qué es la etiqueta privada de Alibaba?

Los productos de marca privada de Alibaba son aquellos que fabrican los proveedores. El proceso de etiquetado privado es muy simple y algunos proveedores en Alibaba brindan dicho servicio con un costo adicional. Estos productos luego se etiquetan con el nombre de la empresa de tu marca.

En resumen, los productos se venden bajo tu nombre y los proveedores que venden sus productos con tu etiquetado fijan un importe por ello.

Los costos de producción, incluidos los materiales, están a cargo del proveedor. Al final, obtienes un producto completamente preparado a tu nombre.

Etiquetado privada, ODM - OEM y Etiqueta blanca

Etiqueta privada: Es un modelo comercial en el que los compradores obtienen productos de fabricantes extranjeros con el logotipo de la empresa y detalles personales del producto. Posteriormente, vendes los productos bajo la marca. La empresa proporciona el diseño al fabricante de la etiqueta privada para que lo imprima en el producto.

ODM (Original Design Manufacturers): es una empresa de productos de fabricación que diseña y fabrica inventario. La empresa de marcas privadas les pide que introduzcan algunos cambios, como la impresión de etiquetas.

OEM: Los fabricantes de equipos originales o OEM son empresas que fabrican los componentes que intervienen en el proceso de producción de los productos. La fábrica correspondiente produce el diseño del producto y es propietaria de la mercancía.

Marca Blanca: El fabricante extranjero original fabrica un solo producto en el mercado estadounidense. Otras marcas reproducen el producto genérico y lo venden bajo su marca blanca. Un vendedor de marca privada fortalece su marca con él.

Ventajas y desventajas del etiquetado privado de Alibaba

Hay varias ventajas y desventajas del etiquetado privado que se analizan a continuación:

Ocho (8) Ventajas

1. El etiquetado privado ofrece una amplia variedad de beneficios. He aquí por qué una etiqueta privada.
2. No hay costos de moldes o herramientas involucrados en el etiquetado privado. No tiene que contratar a un contratista de etiquetado privado. Reduce el costo total.

3. Tiempo de producción de muestras más rápido. El proveedor proporcionará muestras según lo solicitado.
4. Dado que el proveedor maneja la producción, habría preparado muestras disponibles de forma gratuita.
5. Tiene sentido para productos genéricos como bebidas, zapatos y ropa. Éstos son una buena opción para el etiquetado privado.
6. Mucha gente vende productos genéricos que tienen un precio más bajo. Estos precios reducidos atraen a los clientes.
7. Normalmente puedes cambiar algunos materiales y colores.
8. El etiquetado privado permite la personalización de productos de plástico según sea necesario.

Desventajas

Estas son las desventajas del negocio de la marca privada.

1. Tiempos de entrega más largos. La personalización de los productos conduce a tiempos de producción más extraordinarios. Esto aumenta la producción general, así como el tiempo de envío. Debe realizar el pedido al menos un mes antes de que se agote el stock.
2. No se pueden hacer cambios en el diseño. El etiquetado privado solo viene con la personalización del diseño de etiquetado y empaque. Esto no implica ningún cambio en el diseño o dimensiones del producto. El proveedor de marca privada solo cambia el etiquetado y el embalaje.

¿Cómo elegir fabricantes de etiquetas privadas confiables en Alibaba?

Aplique siempre los estándares de seguridad y verifique los comentarios negativos de los fabricantes de etiquetas privadas de Alibaba. Esto es lo que debe considerar al buscar la fabricación de etiquetas privadas de Alibaba:

Precios competitivos: Lo primero a considerar es el precio. Los proveedores deben ofrecer precios competitivos. El etiquetado privado puede no incluir los costos de producción. Sin embargo, tiene el costo de etiquetado y envío. Además, también tendrás que gastar en la comercialización. Por eso se recomienda elegir un proveedor que ofrezca precios competitivos.

Alta calidad/bajos defectos: La calidad es el elemento más crucial del etiquetado privado. Si la calidad de los productos no está a la altura, se reducirá la lealtad del cliente. Puedes obtener muestras de la mercancía para los productos que deseas. Elige proveedores que ofrezcan calidad con una tasa de defectos más baja.

Entrega confiable: Otro elemento a tener en cuenta es la entrega de la mercancía. Como se indicó anteriormente, el etiquetado privado puede tardar más en entregarse debido al proceso de etiquetado. Esto le permitirá obtener detalles de los tiempos de entrega aproximados del proveedor. Por eso, asegúrate de que el proveedor que contrates, te proporcione una entrega eficiente de sus propios productos.

MOQ: MOQ se refiere a la cantidad mínima de compra. La

mayoría de los fabricantes tienen limitaciones en la personalización del producto para la cantidad mínima de pedido (MOQ). Para un MOQ de 50 piezas, debe comprar más de 50 piezas para productos de marca privada. Por lo tanto, es posible que algunos vendedores de Alibaba no ofrezcan servicios de marca privada o incluso ningún tipo de instalación de pedidos para aquellos que compran cantidades más pequeñas. Algunos vendedores tienen una cantidad mínima de pedidos o MOQ muy grande que puede llegar a miles de unidades. Es mejor encontrar proveedores sin MOQ en el etiquetado privado de Alibaba.

Contrato de fabricación en China: La fabricación por contrato en China hace que los productos de marca privada sean fáciles para ti. Este es un acuerdo de terceros para la propiedad intelectual. En este acuerdo, los proveedores te autorizan a vender inventario fabricado bajo su marca. Opta por vendedores chinos que ofrecen contratos de fabricación para prevenir riesgos legales.

Copiar no es un problema en China, así que protege bien tu diseño. Por ejemplo, si pagas una herramienta o un molde para producir tu producto, pon por escrito que solo se pueden usar para la fabricación de tu producto,

Preguntas para hacer antes de comprar productos de marca privada.

Para habilitar el control total o el control creativo, tienes que determinar el objetivo. Aquí hay algunas preguntas que debes hacerles a los fabricantes de marcas privadas de Alibaba:

- ¿Tienes dibujos de diseño?

Los dibujos de diseño se refieren al diseño del producto. El diseño y las dimensiones no se pueden cambiar para los productos de marca privada. Esto te dará la idea de seleccionar un proveedor en particular que mejor se adapte a los requisitos.

- ¿Tienes una lista de materiales?

La lista de materiales muestra un resumen completo de los elementos necesarios para la fabricación. Abarca varios elementos, incluidas las materias primas y los ensamblajes. También nos indica el costo promedio. La lista de materiales es necesaria para el etiquetado privado.

- ¿Tiene una descripción general de las opciones de hardware?

Necesita saber qué materiales forman parte de la elaboración de los artículos. Es crucial para productos como lácteos, ropa, perecederos. También ayudará a estimar la lista de materiales y compilar el costo total de producción.

- ¿Tiene los moldes y herramientas para este producto?

A veces, los propios proveedores alquilan los moldes y equipos de otros proveedores. En definitiva, externalizan parte de su producción. Un aumento en el costo total de producción en un tercio aumentará las tarifas. Por eso debes contratar al que trabaja solo.

- ¿Tiene informes de pruebas de laboratorio?

Los informes de las pruebas de laboratorio muestran que el proveedor tiene procesos efectivos de inspección de calidad. La calidad del producto es lo más importante para tu negocio de marca privada. Puedes consultar las pruebas de laboratorio para evaluar aún más la calidad del control.

Para buscar proveedores que ofrezcan el servicio de marca personal, te dejo el código QR para que los consultes:

Sin embargo, a continuación, te doy una lista de varios proveedores de etiquetas privadas de Alibaba los cuales están bien posicionados:

1. Xiamen Sunmell Packaging Co., Ltd.

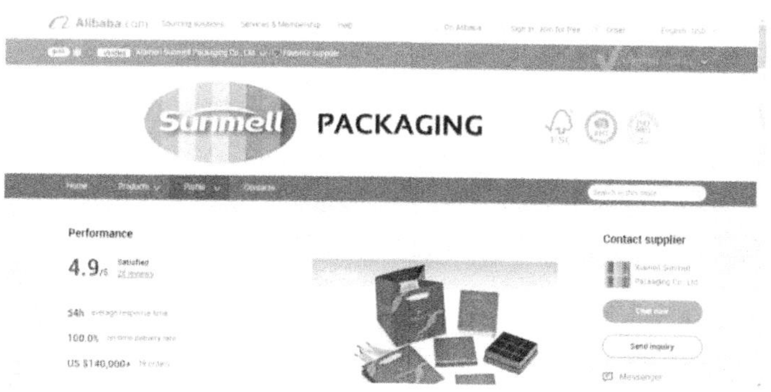

Si está buscando un fabricante superior de cajas de papel, bolsas de papel, cajas de vino, cajas de chocolate, cajas de cosméticos de China que se haya especializado en arquitectura e interiores, entonces Xiamen Sunmell Packaging Co., Ltd. es una buena opción. La planta de Xiamen Sunmell Packaging Co., Ltd. está ubicada en Xiamen, China. Xiamen Sunmell Packaging Co., Ltd. es una empresa fundada en 2006 de renombre en China que comercia a nivel mundial.

Adjunto link y código QR:

2. Guangzhou Shiguang Electronic Technology Co., Ltd.

Si te interesa lanzar tu marca personal con sistemas automáticos de iluminación, esta empresa se encarga de fabricártelos en China. Su éxito es el exclusivo centro de I+D que garantiza una excelente calidad de los productos. En funcionamiento desde 2010, la empresa se asegura de ofrecer a los clientes productos de la mejor calidad en poco tiempo.

A continuación, te dejo el código QR.

3. Hangzhou Jinjuyou Technology Co., Ltd.

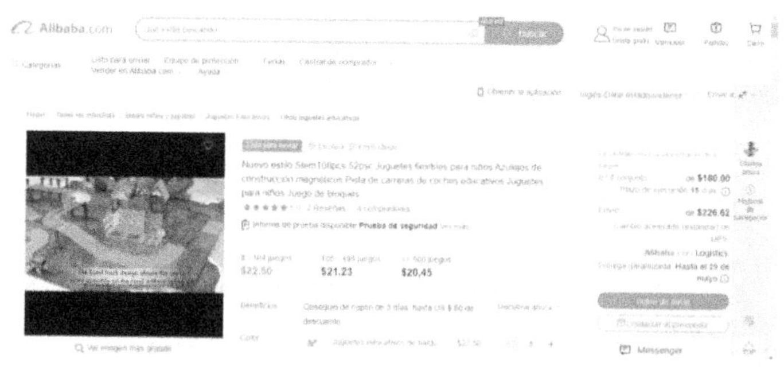

Si prefieres irte por la línea de juguetes, Hangzhou Jinjuyou Technology Co. Ltd es una empresa integrada que se dedica al diseño, venta y producción de juguetes magnéticos y otros juguetes educativos. Cuentan con un equipo profesional de I + D, un taller de producción bien equipado. Con materiales de protección ambiental, los juguetes tienen alta calidad y jugabilidad con certificados EN71, CE, ASTM, Exportan a 40 países más, con clientes en Estados Unidos, Canadá, México, Italia, Alemania, España, Reino Unido, India, Brasil, Argentina, Turquía, Singapur, entre otros.

A continuación, tienes el código QR:

4. Shenzhen Yi Rong Sheng Productos de cuero Co., Ltd.

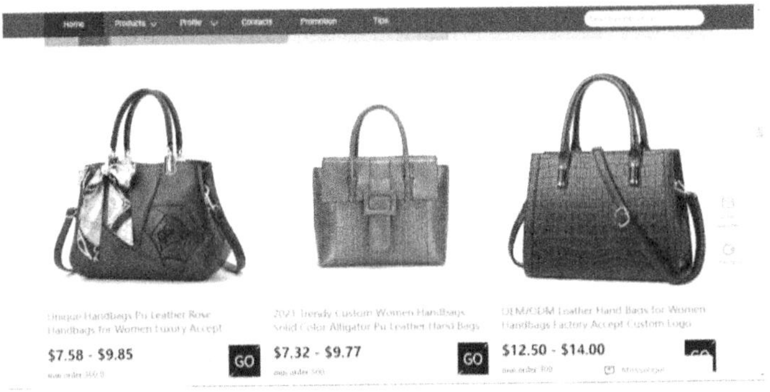

Puedes lanzar tu marca personal enfocada en artículos de cuero. Esta empresa fue establecida en 2005. Desde entonces, ha estado fabricando productos de cuero de alta calidad para el mercado. Sus procesos de inspección de calidad han sido verificados por Intertek en línea. La empresa ha fabricado más de 5 millones de bolsas al mes y garantiza resultados competitivos.

Adjunto enlace con código QR:

5. Wenzhou Flyer Import And Export Co., Ltd.

Para la línea de monturas y gafas para lentes de aumento, Wenzhou Flyer es una buena opción. Tiene envíos a todo el mundo a diferentes países, incluidos Estados Unidos, Canadá y México. La empresa también ofrece servicios competitivos con procesos de inspección de alta calidad.

Adjunto código QR:

6. Guangzhou Binde Electronics Co., Ltd.

Una línea de productos que poco piensa la gente son los pegamentos. La empresa fue fundada en 1999 y desde entonces se ha especializado en barras y pistolas de pegamento. Sus procesos de I+D le permiten garantizar productos de alta calidad sin compromiso. Tienen más de 200 empleados y fabrican adhesivos para uso industrial y doméstico.

A continuación, te dejo el código QR:

7. Guangzhou Jiaxin Cosmetics Company Limited

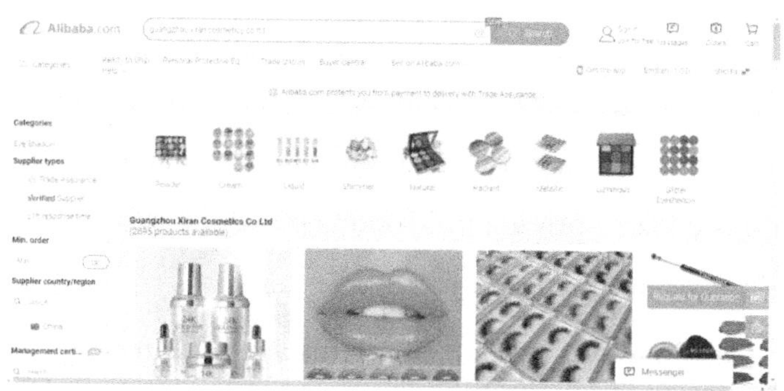

Esta empresa es la opción adecuada si te interesa lanzar tu marca personal con productos de cosmética y maquillaje. La compañía ha estado en la fabricación desde 2003. Es una subsidiaria de England Anglynea Trading Co Ltd. en China. La empresa cuenta con un centro de I+D que investiga nuevas fórmulas de productos. Tiene más de 100 empleados y fabrica productos de maquillaje de alta calidad para clientes leales. Encuentre fabricantes de marcas privadas en ferias comerciales.

Te dejo el código QR para que puedas acceder a más información de sus productos:

Otros posibles nichos de mercado con buenos productos para marca personal:

- **Café:** En Internet, el café de marca privada se ha

disparado. Muchas de estas marcas de café utilizan transportistas de café, que entregan los pedidos a los clientes tan pronto como se realizan.

- **Alimentos para mascotas:** Muchos minoristas de mascotas, especialmente las tiendas de mascotas en línea, venden alimentos de marca privada producidos por grandes fabricantes que atienden a una gran cantidad de clientes.
- **Iluminación LED:** Los mercados de Internet están llenos de luces LED de marca propia, cada una con un diseño un tanto distintivo, pero en su mayoría provienen de un pequeño número de fabricantes.
- **Accesorios para teléfonos:** Lo más probable es que los accesorios de terceros que compras para tu teléfono (cargadores, covers, etc.) hayan sido creados por un fabricante de marca privada y comercializados bajo la marca de otra empresa.
- **Ropa:** Para sus camisas, vestidos, faldas, zapatos, bolsos y otros artículos, muchos comerciantes de ropa en línea utilizan fabricantes de ropa de marca privada. Estos fabricantes pueden imprimir diseños personalizados en prendas. También pueden proporcionar servicios personalizados de sastrería y peletería.
- **Mochilas inteligentes:** Las mochilas inteligentes son cada vez más populares en el comercio electrónico. Estas bolsas portátiles son capaces de cargar dispositivos eléctricos como computadoras portátiles y teléfonos inteligentes. Algunos tienen parlantes incorporados que pueden reproducir música. Puedes trabajar con un fabricante de marca privada para desarrollar una

mochila inteligente personalizada para tu mercado objetivo.

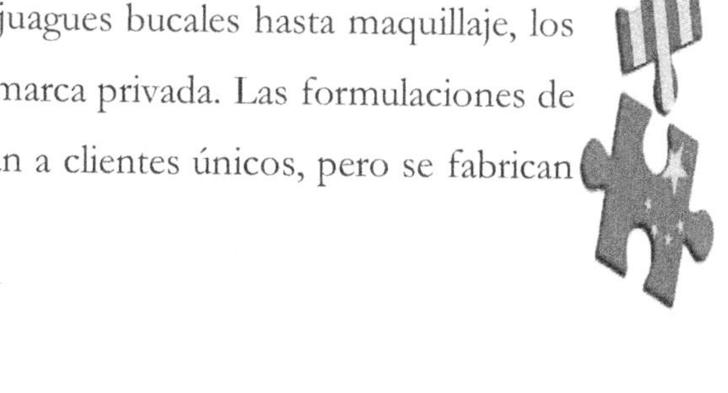

- **Artículos de cuidado personal:** Muchos productos de cuidado personal, desde enjuagues bucales hasta maquillaje, los fabrican para la venta bajo marca privada. Las formulaciones de estos productos se adaptarán a clientes únicos, pero se fabrican en las mismas líneas.

PASO 8

Consulta otros proveedores de marca personal

Es importante consultar otros proveedores a nivel mundial para comparar con Alibaba. Existen otros fabricantes que elaboran los productos con tu marca personal:

En China:

1. Aliexpress

AliExpress y el comercio por Internet son casi sinónimos. Como emprendedor en línea, probablemente hayas oído hablar de esta enorme plataforma china de comercio electrónico.

Como AliExpress es una subsidiaria de Alibaba, aquí también se aplica el mismo procedimiento. Debes discutir los detalles de tu negocio con el proveedor, quien luego te hará una oferta de marca privada para los productos de tu empresa.

2. NicheDropshipping

NicheDropshipping ofrece los mejores servicios de marca privada para empresas, lo que les permite concentrarse en otros aspectos cruciales de sus operaciones. Tienen un servicio de ventanilla única que proporciona soluciones de marca privada.

Trabajan con las principales fábricas y fabricantes en China. Puedes acercarte a ellos rápidamente si analizas sus solicitudes y criterios de productos.

La selección de NicheDropshipping para marcas privadas puede ayudarte a localizar a los mejores fabricantes, permitiéndole obtener productos de alta calidad a los costos más competitivos. Te dejo el link, a continuación:

https://nichedropshipping.com/

3. DHgate

Esta es otra plataforma china de comercio electrónico que podrías considerar para tu negocio de marca privada. Cuando observas las categorías de productos en este sitio web, puedes asumir que no hay nada que este sitio web no tenga.

Pero hay una trampa. Los proveedores de este sitio web, al igual que los de otros sitios web, no brindan servicios de marca privada. Una manera fácil de encontrar proveedores de marcas privadas en DHgate es escribir "marca privada" en el campo de búsqueda. Aparecerá una lista de proveedores. Puedes crear una lista corta de proveedores aleatorios y contactarlos para discutir tu negocio en profundidad.

Si elegiste un producto o un nicho, ingresa el nombre de este producto o esta especialidad en el campo de búsqueda.

https://www.dhgate.com/

4. Wonnda

Wonnda es una empresa con sede en Berlín que se estableció en 2022. Su objetivo es crear un ecosistema de marca privada digital en Europa que permita a la próxima generación de marcas de consumo obtener, lanzar y escalar productos a partir del consumo de una red confiable del nivel superior de Europa. Wonnda ha diseñado una herramienta de colaboración por encima de su mercado para conectar a todos los participantes del proyecto en una plataforma centralizada, haciendo que los procedimientos sean más transparentes, rápidos y eficientes.

Wonnda es tu centro principal para encontrar excelentes proveedores, adquirir muestras, realizar un seguimiento de tus proyectos y realizar un seguimiento de su progreso de fabricación con su herramienta de colaboración de proyectos.
La empresa tiene su sede en Europa y organiza y verifica a cada fabricante. Las principales categorías de productos incluyen cosméticos, suplementos, accesorios de moda, cuidado de mascotas, hogar y vida, alimentos y bebidas.
Adjunto link:
https://wonnda.com/

Fabricantes de marcas privadas en los Estados Unidos

Dado que Estados Unidos es el mercado objetivo más grande para la venta de artículos de marca privada. Asociarse con estos fabricantes te beneficiará de varias maneras.
En los Estados Unidos, puedes iniciar tu propio negocio de

marca privada. Es posible que seas elegible para la entrega al día siguiente en los Estados Unidos. También te ayudará a registrar tu negocio en Amazon para comenzar el envío directo de Amazon.

Aquí hay una lista de fabricantes de marcas privadas en los Estados Unidos.

5. Wordans

Es una marca de ropa y prendas de vestir ubicada en los Estados Unidos. Además de vender sus propios productos, también brindan servicios de marca privada.

Con la ayuda de este sitio web, puede vender una amplia gama de ropa y accesorios. Esta empresa de marca propia ofrece ropa deportiva, gorros y ropa de trabajo, además de camisas y chaquetas.

Como resultado, tendrías mucho margen de maniobra con tu público objetivo. Bolsas, pantalones cortos, ropa interior y otros accesorios están disponibles. Cuentan con varias prendas de vestir, como camisetas y sudaderas con capucha, que pueden personalizar según tus especificaciones.

Adjunto link:

https://es.wordans.com/

6. MANÁ Products

Es un productor de marca privada con sede en los Estados Unidos que ofrece sus productos y servicios a empresas de todo el mundo. Venden principalmente cosméticos y productos para el cuidado de la piel y el cabello.

Además del etiquetado privado, brindan desarrollo de productos a pedido para su clientela. Como resultado, este podría ser tu próximo socio para lanzar tu propia marca de belleza sin tener que hacer las cosas tú mismo.

La página web proporciona toda la historia. Notarás fácilmente que han creado muchas marcas privadas brindándote sus servicios de abastecimiento, especialmente los de marcas privadas.

A continuación, el link:

http://www.manaproducts.com/

Fabricantes canadienses de etiquetas privadas

Canadá es un enorme mercado de ventas por Internet que continúa creciendo. Es por eso que decidí compartir algunos de los principales fabricantes de marcas privadas de Canadá.

Si deseas iniciar un negocio de marca privada en Canadá, debes consultar a estos fabricantes. Incluso si está iniciando un negocio en los Estados Unidos, debes pensar en ello y comparar precios con Alibaba sobre todo en el transporte y en los aranceles de las importaciones.

Estos son algunos de los fabricantes de marcas privadas más grandes de Canadá.

7. Gertex

Gertex es una empresa de dropshipping con sede en Canadá.

Este sitio web vende principalmente ropa personalizada. Como resultado, esto presenta una gran oportunidad para que los empresarios lancen un negocio de ropa de marca privada.

Este sitio web vende principalmente ropa elegante y de marca, así como calcetería y textiles. Tienen una gran cartera de ropa. Puedes usar este sitio web como una fuente comercial de marca privada para comenzar a vender ropa a través de tu tienda en línea.
Te dejo el link:
https://www.gertex.com/

8. Oscardo

Oscardo es otro destacado proveedor canadiense. Este proveedor vende una amplia gama de productos. Este sitio web ofrece productos en las áreas de viajes, hogar, cocina y regalos, que van desde ropa hasta artículos de moda.
Tienen una línea de productos diversa. Debes consultar la opción "productos personalizados" en Internet si desea una etiqueta privada.
Puedes anunciar los productos especialmente en América del Norte, ya que puedes promocionarlos con la etiqueta "Hecho en Canadá".
https://www.oscardo.com/

9. Bargains Group

Es imposible hablar sobre el etiquetado privado de una empresa en Canadá sin mencionar a Bargains Group.

La frase "gangas" alienta a los nuevos dueños de negocios a regatear los precios. Puedes negociar sus costos y servicios directamente con ellos. Discute los cronogramas de envío y las cantidades mínimas de pedido (MOQ) con ellos.

Puedes elegir entre una gran lista de categorías de productos en el sitio web. También venden mercadería al por mayor. Muestra cuán serios son con respecto a tu negocio. Como resultado, podría ser un proveedor confiable para una empresa privada.

Este sitio web es perfecto para artículos de marca privada relacionados con ropa, moda y accesorios relacionados.

Adjunto link:

https://www.bargainsgroup.com/

PASO 9

Revisa las estrategias para alcanzar el éxito

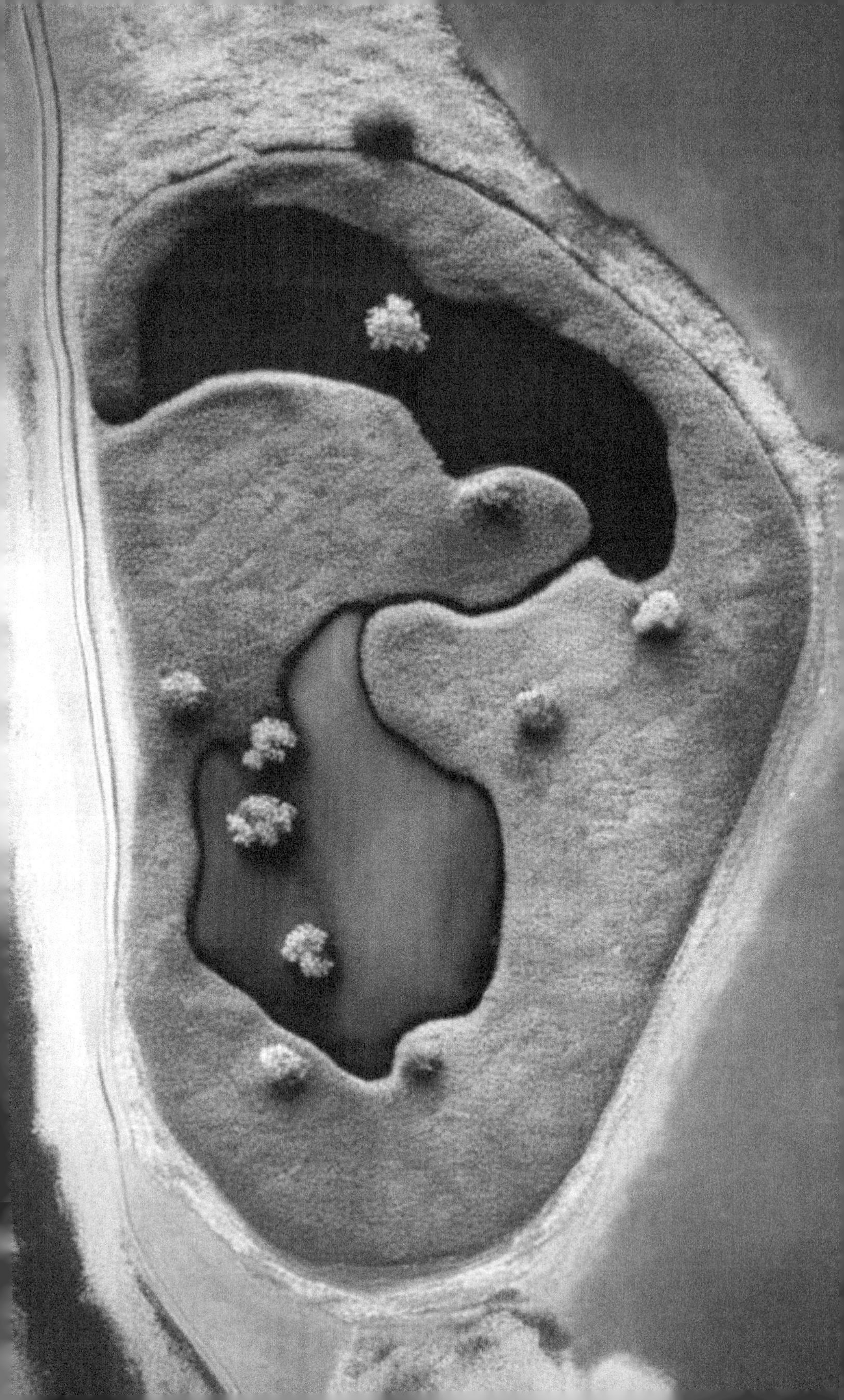

He identificado varias estrategias que conducen a obtener buena rentabilidad de la venta en Amazon. Al conocer el funcionamiento de la plataforma y el comportamiento de los usuarios, te presento las claves para alcanzar ese éxito:

1. Tener al menos un buen producto

Lo ideal es tener tres productos lanzados, pero debes saber que es el aspecto más importante para obtener ventas en cualquier plataforma, especialmente en Amazon donde la competencia es tan agresiva. Tanto como distribuidores de otra marca, como si poseemos la nuestra propia, tener un producto de calidad será un factor diferencial.

Para calificar un artículo como bueno o malo, se deben medir diferentes aspectos, como la fragilidad, el peso, la personalización, la relación costo/beneficio, el nivel de la competencia, la presencia de marcas conocidas.

2. Estudio de mercado

En primer lugar, será importante haber realizado un buen

estudio de mercado, con el fin de encontrar nichos viables para poner a la venta un producto. Existen diferentes herramientas creadas para este fin, como ya lo vimos en el Paso 4.

Se trata de una extensión para el buscador de internet con la que se pueden encontrar nichos de mercado y productos que ya se venden en la plataforma y que tienen una buena rentabilidad con relativa facilidad en el buscador de Amazon. La aplicación calificará las oportunidades de mercado en distintos niveles en función de su calidad.

3. Compra de un buen producto

Una vez decidido el producto concreto o el tipo de producto que se quiere comercializar, será importante o bien comprarlo a un buen precio, o encontrar un buen proveedor que pueda fabricar el producto que deseamos a un precio y una calidad razonables.

La calidad y el precio del producto serán como se ha mencionado anteriormente, elementos diferenciales a la hora de competir con el resto de vendedores, que ofrecen a los usuarios productos iguales o muy similares.

4. La importancia del valor de marca

Una vez que se tiene un buen producto, se ha de reforzar con una buena imagen de marca, que garantice el reconocimiento por parte de los usuarios cuando éstos vean la publicidad en el

Marketplace o fuera de él y puedan asociar a ella calidad y buen servicio.

Existe un programa dentro de Amazon destinado a potenciar a las marcas registradas en la plataforma que se llama Amazon Brand Registry, que busca proteger y dar visibilidad a dichas marcas, además de ofrecer herramientas para el análisis de datos y enfocadas al marketing.

Tener una marca reconocida en Amazon cuando se actúa como vendedor facilitará tanto el posicionamiento, como la imagen y credibilidad que se ofrece a los clientes, y que estos asociarán con tu marca.

Una de las mejores posibilidades que ofrece tener una marca registrada en Amazon es la de crear una página de marca dentro de la plataforma, que reunirá todos los productos del vendedor en el mismo lugar, facilitando así el acceso de los usuarios a la ficha de esos artículos.

5. Establecer un buen precio

Es el otro punto clave, junto con el producto, de una buena preparación estratégica cuando se quiere vender en Amazon. El precio es el principal motivador de compra para los consumidores, por lo que no tener un precio competitivo dejará fuera de juego al vendedor, ya que todo el funcionamiento de la plataforma está destinado a presionar de una forma u otra a los vendedores para que ofrezcan el precio más bajo posible.

Para llevar a cabo una buena labor de pricing se deben realizar unos cálculos precios muy exhaustivos de costos y beneficios teniendo en cuenta lo siguiente:

- **Gastos de envío**: Variarán en función de si se usa la logística propia del vendedor (FBM) o la de Amazon (FBA).
- **Comisión por ventas:** Como se vio en uno de los capítulos anteriores, Amazon cobra a sus Sellers o Vendors un porcentaje por venta que varía en función de la categoría de producto. Cabe destacar que ese porcentaje se aplica incluyendo todos los gastos de envío, no tener esto en cuenta es un error muy grave e implica sorpresas desagradables al final de cada mes.
- **Costos de almacén y transporte:** Estos costos agrupan los relativos al almacenaje previo si es que existe, al envío de productos a los centros logísticos de Amazon, si es que utilizas su logística, y a los gastos ocasionados por el almacenamiento por parte de Amazon, que varían en función del peso y las dimensiones de los artículos.
- **Devoluciones:** Por muy bueno que sea el producto siempre se producirán devoluciones, por lo tanto, se debe hacer una buena estimación de los costos de éstas.
- **Publicidad y marketing:** En caso de realizar alguna acción publicitaria, ya sea usando las herramientas que la plataforma pone a la disposición de los vendedores o de otra

naturaleza, ocasionarán unos costos que deben ser tenidos muy en cuenta antes de establecer el precio de los productos.

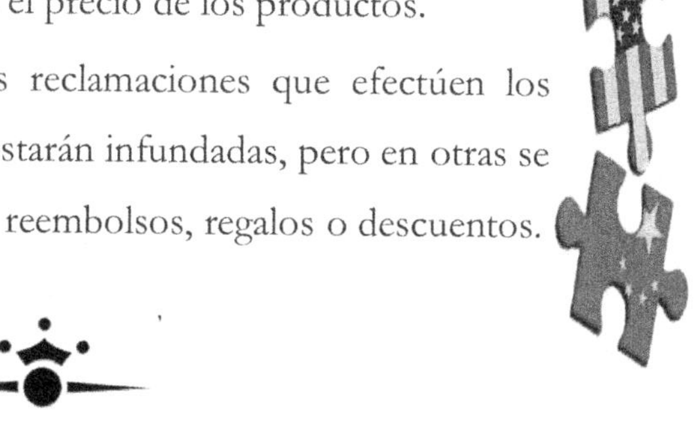

- **Reclamaciones:** Las reclamaciones que efectúen los consumidores en ocasiones estarán infundadas, pero en otras se deberán solucionar mediante reembolsos, regalos o descuentos.

PASO 10

Evalúa el envío de China a Estados Unidos

SUSV

Existen tres tipos de importaciones:

1. **Importación Pequeña:**

Se usa cuando el valor de la importación es menor a $3000 dólares y no necesita mucho papeleo. Lo puede manejar con empresas como UPS, DHL o FEDEX. El valor que cobra cualquiera de estas tres empresas de envío de paquetes oscila entre $120 a $180 dólares. Los impuestos por concepto de aduana los debes pagar tú. En Estados Unidos, el valor de estos impuestos varía dependiendo del tipo de artículo, pero el promedio está alrededor del 10% al 14% del valor de la mercancía a introducir al país.

2. **Importación Mediana:**

Está comprendida en $3000 a $5000 dólares

3. **Importación Mayor:**

Para valores mayores a $5000 dólares. Tanto para la importación mediana o mayor te recomiendo contactar a una empresa aduanera experta en esta actividad.

China tiene muchos sitios web y mercados mayoristas para elegir, lo cual le permite comprar productos de primera calidad a precios asequibles. Sin embargo, una de las partes más importantes de todo el proceso de importación es el envío. Hay varios métodos de envío disponibles a través de los cuales puedes enviar tus productos desde China a Estados Unidos.

Sin embargo, el concepto de "Entrega" no es tan simple como parece. Debes tener en cuenta los costos de envío, el tiempo y varios otros factores relacionados antes de que puedas afirmar que domina completamente el concepto en cuestión.

En esta sección presentaré una guía detallada para ayudarte a comprender todo el proceso de envío de mercancías desde China a los Estados Unidos.

Al final de este capítulo, no solo estará equipado con el conocimiento de los diferentes términos y métodos de envío, sino también con consejos y recomendaciones para ahorrar tiempo y dinero.

Veamos los términos y abreviaturas importantes que se utilizan en el transporte internacional de mercancías:

Incoterms: se refieren a las reglas que ayudan a los comerciantes a determinar las responsabilidades y obligaciones de los compradores y vendedores. Si está en el negocio de la importación, es importante que se familiarice con estos términos. Los incoterms que se mencionan a continuación también son aceptables en los contratos de comercio internacional.

FOB: Considerado ideal por comprador y vendedor, FOB o Free on Board o Franco a Bordo es uno de los términos de envío más utilizados. De acuerdo con esto, el proveedor sigue siendo responsable de los productos solo hasta que sean recibidos por el transportista en un punto de envío. Una vez que los productos llegan al punto designado, la responsabilidad total por los bienes pasa al comprador.

FOB se divide además en dos tipos, es decir, punto de envío FOB y destino FOB. Según el primero, las responsabilidades y obligaciones del proveedor se transfieren al comprador una vez que el envío sale del puerto de China.

Dependiendo del punto de destino FOB, la responsabilidad cambia de manos tan pronto como los productos llegan al puerto de destino (Estados Unidos en este caso).

Cabe señalar que FOB solo se puede utilizar cuando se envían mercancías desde China a los Estados Unidos a través de transporte marítimo.

CIF: Un contrato CIF es la abreviatura de Cost, Insurance y Freight, es decir, sería el valor FOB (Cost en el idioma inglés), más los gastos de seguro (Insurance en el idioma inglés), más los gastos de flete (Freight en el idioma inglés). La responsabilidad durará hasta que el comprador reciba sus productos (en el lugar de destino o en cualquier otra dirección mutuamente acordada). El comprador debe realizar el pago después de que la mercancía llegue al punto de destino designado. Dado que los proveedores tienen que hacer un esfuerzo adicional en este tipo de trato, agregan tarifas adicionales. Estos cargos adicionales son básicamente una compensación por sus servicios.

EXW: De acuerdo con EXW o Ex Works, todos los arreglos de envío deben ser realizados por el comprador. Esto les da control total sobre casi todos los procesos involucrados en el envío. Este acuerdo rara vez utilizado solo requiere que el vendedor obtenga un certificado de origen y una licencia de exportación. Como este tipo de acuerdo favorece mucho al proveedor, a menudo se utiliza en cumplimiento de otros términos para garantizar una distribución justa de responsabilidades.

DAP: Delivered to Place ciertamente no es un favorito entre los proveedores. A excepción de los aranceles aduaneros de importación, el vendedor debe cumplir con todos los demás requisitos para garantizar un envío sin problemas. Además, el vendedor sigue siendo responsable de los productos incluso después de que el envío llegue al puerto de destino. El comprador suele decidir el punto de recogida de la mercancía. Una vez que llega el momento de comenzar a descargar los productos, el comprador debe asumir toda la responsabilidad por la mercancía.

DDP (Delivered Duty Paid): Con este método se coloca toda la responsabilidad de organizar el envío sobre los hombros del proveedor. Esto también incluye los aranceles aduaneros de importación. Al comprador solo se le pide que descargue los productos y pague el despacho de importación. Cualquier gasto adicional es añadido por el proveedor y comunicado al comprador con antelación como costo de aterrizaje. Mientras finaliza los detalles, el vendedor está obligado a seleccionar un transportista conveniente para ahorrar costos de envío y tiempo. El DDP puede ser bastante complicado para el vendedor. Una práctica preferida es que el comprador acepte pagar el despacho de importación.

Bill of Lading (BOL): Documento esencial entre el transportista y el embarcador que sirve para acusar recibo de las mercancías a embarcar. Un BOL incluye detalles de la carga como cantidad, calidad, naturaleza y es requerido por leyes internacionales como las Reglas de Hamburgo, las Reglas de La Haya y las Reglas de La Haya-Visby. Como se indicó anteriormente, un BOL sirve como un recibo definitivo que reconoce la carga exitosa de la carga. Incluye los términos del contrato además de ser un título de propiedad de los productos. En caso de que la tarea de despacho de aduana no tenga éxito, el vendedor es responsable de encontrar otro transportista. El cambio en el transportista o el método de entrega puede afectar el tiempo y el costo del envío.

LCL (Less Than Container Load): Un envío que no ocupa todo el espacio de un contenedor. El espacio restante puede ser utilizado por otros clientes del transportista. Esta opción es bastante rentable ya que el costo total se divide entre todos los clientes. Recomendación: Si tu carga pesa menos de 150 kg, definitivamente debes optar por este método de envío.

Sin embargo, debes tener en cuenta que los costos adicionales pueden hacer que las cosas no sean favorables a largo plazo.

FCL (carga de contenedor completo): según este término, tiene todo el espacio del contenedor reservado para sus productos y solo para sus productos. Este enfoque es bastante conveniente y ofrece varias ventajas.

Para empezar, el riesgo de pérdida y rotura es bastante bajo. Además, el costo total asociado con FCL es más bajo que el de LCL. Además, el tiempo de envío China-Estados Unidos se reduce considerablemente.

Envío de carga desde China a Estados Unidos:

Antes de conocer los diferentes métodos de transporte de carga, es importante que sepa qué es realmente un agente de carga. Un agente de carga asume toda la responsabilidad de organizar los envíos de los fabricantes a los compradores. Por completo, nos referimos a etiquetado, embalaje, gastos de envío y reconocimiento de la documentación requerida.

Esta es la razón por la que muchas personas recurren al transporte de mercancías para que les entreguen sus mercancías. Este método también le evita tener que contratar a un agente de aduanas. Las mercancías se pueden enviar por mar o por aire. La siguiente sección le ayudará a conocer los diferentes métodos de envío:

A. Transporte marítimo/oceánico a Estados Unidos desde China.

Cuando escucha a alguien decir "envío de mercancías", es más probable que asuma que los productos se envían por mar. Y eso es exactamente lo que sucede en el método de envío de carga marítima. El método en cuestión ha sido ampliamente considerado durante más de 20 años.

Se recomienda que un agente de carga te traiga sus productos por mar si el volumen de envío es alto.

Definición de Flete Marítimo: Tal como lo sugiere el título, dicho tipo de envío se refiere al procedimiento mediante el cual se transportan materiales, bienes, mercancías y carga de un destino a otro por vía marítima.

Este método de envío ha estado en práctica durante cientos de años. Es seguro decir que el flete marítimo tiene un impacto positivo en la economía global.

El procedimiento que sigue un carguero marítimo para enviar mercancías desde China a los Estados Unidos: Básicamente lo que sucede es que el agente de carga le pide al remitente que confirme y proporcione ciertos detalles, incluido el método de envío (FCL o LCL).

Incoterms proporcionados, documentos esenciales, pago, así como los métodos de entrega asociados.

Para un método FCL, se sigue el siguiente proceso:

Recogida > Facturación > Despacho de aduana y luego envío.

Y el flujo de un proceso de envío LCL es el siguiente:

Recogida > Transporte e Inspección > Almacenamiento y Empaque > Despacho Aduanero y Embarque > Descarga (Destino)

Éste es el método favorito de envío de China a Estados Unidos.

Muchas personas optan por el transporte marítimo, ya que las ventajas que ofrece son bastante impresionantes.

El método en cuestión es asequible y resulta útil si el volumen de envío es considerablemente alto (más de 150 kg). Aunque el flete marítimo tarda bastante tiempo desde China a los Estados Unidos, se puede enviar cualquier tipo de producto.

Tipos de contenedores y envíos: Los contenedores normalmente se dividen en tres tipos, a saber, 20'GP (uso general de 20 pies), 40'GP (uso general de 40 pies) y 40'HC (40 pies cúbicos de altura).

El 20'GP es adecuado para el transporte de cargas pesadas, mientras que el tipo 40'GP es más capaz de transportar mercancías espaciosas, aunque la capacidad de carga máxima de los dos tipos es la misma.

Puedes optar por LCL (Less than Container Load) y compartir el espacio de ut envío con otros paquetes en el contenedor. O bien, puedes elegir FCL (Full Container Load) y tener todo el contenedor para ti.

Elegir el embalaje adecuado para el transporte marítimo: para apilar paquetes y cajas, se suelen utilizar pallets en el contenedor.

La altura de carga del pallet, el peso de la carga, el espacio del contenedor y los requisitos de descarga son factores esenciales que ayudan a elegir el tipo correcto de pallet. Además, como el envío desde China a Estados Unidos puede tardar alrededor de un mes en llegar a su destino, es importante asegurarse de que el embalaje se realice de forma que la mercancía quede protegida en todas las condiciones.

B. Envío de carga aérea de China a Estados Unidos.

Aunque este enfoque no era muy común al principio, ganó reconocimiento con el tiempo. Hoy en día, cada año se transportan por vía aérea innumerables productos que pesan en conjunto millones de toneladas.

Definición de Transporte Aéreo de Carga: Según el título, esta modalidad implica el uso de un avión para trasladar productos de un lugar a otro.

Las aerolíneas comerciales y chárter se pueden utilizar para enviar mercancías, siempre que las rutas y el destino permitan que el transportista aterrice o vuele sin problemas.

¿Por qué debería optar por el envío de carga aérea? Debes optar por este modo si deseas que tu carga se entregue en un tiempo relativamente corto.

Es un método ideal para el transporte de carga de ciudad a ciudad de bajo volumen. Además, el manejo marginal y la seguridad mejorada son otros beneficios del uso del transporte aéreo.

Flete Aéreo: Adecuado para enviar productos que son prestigiosos (en términos de valor) o necesitan ser entregados con urgencia. Estos productos incluyen productos farmacéuticos, perecederos, electrónicos, joyería, etc.

En general, se utilizan dos tipos de carga en el transporte de carga aérea. La carga general transporta productos electrónicos, farmacéuticos, joyas y artículos caros similares. Las cargas especiales, por su parte, son las encargadas de transportar mercancías perecederas o peligrosas.

La carga especial no se puede acomodar en todas las demás aerolíneas. Deben ser inspeccionados cuidadosamente y asegurar ciertos requisitos.
El flete aéreo es más caro que el flete marítimo. Sin embargo, la velocidad y otros beneficios que ofrece el primero valen el precio adicional.

C. Envío de mensajería de China a Estados Unidos.

Definición de servicio de mensajería: Ofrecido por empresas de mensajería, este servicio consiste en el transporte de mercancías de un destino a otro en el menor tiempo posible. Si desea que sus artículos pedidos lleguen desde China a los Estados Unidos en días en lugar de semanas, elige esta opción.
El proceso ofrecido por los principales servicios de mensajería no exige demasiado de usted. Aunque un poco caros, estos servicios se encargan de todo, desde la documentación hasta el despacho de aduanas. Así que no tienes que preocuparte por los detalles técnicos. Los transportistas ofrecen entregas puerta a puerta.
Principales empresas de mensajería en China: FedEx, DHL, UPS, TNT y China Post son algunas de las empresas de mensajería más solicitadas para enviar mercancías desde China a los Estados Unidos.

El factor tiempo:

Los transportistas deben tener en cuenta muchos factores

cuando realizan envíos a los Estados Unidos desde China. La forma de envío económica generalmente demora más tiempo en llegar al destino.
Por otro lado, el método de envío relativamente costoso enviará los productos en menos tiempo. Al final, debe decidir por sí mismo la forma ideal de recibir sus productos.

- **Tiempo que tarda la carga aérea en enviar mercancías de China a Estados Unidos.**

Es bastante comprensible que el flete aéreo sea más rápido que el flete marítimo. Sin embargo, el modo en cuestión no es el más rápido, gracias a algunas operaciones técnicas de carga aérea. Courier toma el relevo cuando se trata de ser el servicio más rápido para envíos desde China a los Estados Unidos.
Costa Este: Standard Air Freight puede tardar entre 4 y 5 días en enviar productos desde China a la costa este de Estados Unidos.
Costa Oeste: el transporte aéreo estándar puede tardar de 2 a 3 días en enviar productos desde China a la costa oeste de Estados Unidos.

- **Tiempo que tarda un carguero marítimo en enviar mercancías de China a Estados Unidos.**

El transporte marítimo de mercancías es una opción económica para el envío de mercancías a granel. Sin embargo, no es un método de envío rápido y en realidad es el más lento. Por lo tanto, solo debe optar por esta opción si sus productos pedidos pueden resistir unas pocas semanas.

1. Puertos reconocidos en China.

Puerto de Shanghái: La ciudad de Shanghái se encuentra al final del delta del río Yangtze. El puerto de Shanghái es accesible incluso desde las provincias del interior de China. La disponibilidad de numerosas plantas de fabricación en las provincias circundantes hace de este puerto uno de los mejores para enviar a los Estados Unidos desde China.

Puerto de Shenzhen: Un puerto muy esencial que no solo sirve como puerta de entrada a Hong Kong, sino que también conecta partes remotas de China con el mundo.

Puerto Ningbo-Zhoushan: Es uno de los puertos más activos no solo en China sino en todo el mundo. Maneja millones de toneladas de carga anualmente. Como sugiere el nombre, se encuentra en Ningbo y Zhoushan, en la costa del Mar de China Oriental en la provincia de Zhejiang.

Puerto de Hong Kong: Este puerto da prioridad a las exportaciones e importaciones desde China. Le sorprenderá saber que el puerto de Hong Kong tiene alrededor de 340 servicios de transporte de contenedores cada semana. No solo eso, sino que también conecta casi 470 destinos por semana.

Puerto de Cantón: Ubicado en el delta del río Perla, el puerto en cuestión se ha utilizado con fines comerciales en China desde el comercio de la Ruta de la Seda. Un avance rápido hasta el día de hoy, el puerto de Guangzhou ahora está a punto de convertirse en un puerto clave para el comercio mundial.

Puerto de Qingdao: Un jugador importante en el norte de China, el puerto de Qingdao es el puerto más grande del país (en términos de capacidad) y es conocido por el envío de mercancías que se incluyen principalmente en la automatización, los datos y el comercio electrónico.

Tianjin: En términos de capacidad, Tianjin solo es superada por el puerto de Qingdao. A medida que se agreguen más rutas de envío nacionales e internacionales, el negocio de envío de Tianjin experimentará un crecimiento constante.

Puerto de Xiamen: Este puerto conecta a más de 50 países. Xiamen se encuentra en la desembocadura del río Jiulong y tiene más de 68 rutas de navegación.

Puerto de Dalian: Ubicado en la zona más al norte de China, el Puerto de Dalian está conectado a más de 160 países además de ser el puerto más grande del noreste de China. También está conectado con varios puertos marítimos ubicados en el norte de Asia, el este de Asia y el Pacífico.

2. Puertos reconocidos en Estados Unidos.

Puerto de Los Ángeles: Está entre los primeros más activos del mundo, en cuanto a volumen de contenedores. Es un jugador importante en los intercambios transpacíficos porque se encuentra a lo largo de la costa de California. En promedio, maneja 4,5 millones de TEU por año.

Puerto de Long Beach: Ubicado cerca del Puerto de Los Ángeles, el Puerto de Long Beach tiene transacciones anuales de aproximadamente $180 mil millones. Cuando se trata del envío de contenedores desde China a la costa oeste de los Estados Unidos, este puerto juega un papel activo.

Puertos de Nueva York y Nueva Jersey: Este es uno de los puertos más activos de la costa este. Esto se debe a que gran parte del comercio mundial sigue pasando por este puerto.

Puertos de Georgia: Son los dos puertos imprescindibles de Norteamérica (Savannah y Brunswick). Si bien el Puerto de Savannah tiene la instalación de una sola terminal más grande y la mayor presencia de centro de distribución de importaciones en USEC, el Puerto de Brunswick es ampliamente conocido por ser un puerto ideal para el comercio relacionado con la industria automotriz.

Seattle-Tacoma: Los puertos de Seattle y Tacoma en Washington están decididos a convertirse en los principales manipuladores de los volúmenes de contenedores internacionales de Estados Unidos en los años venideros.

Puerto de Virginia: está inteligentemente ubicado y esta es la razón de su inmensa popularidad. Comparte conexiones con el ferrocarril, así como asociaciones con los demás puertos del lado este.

Puerto de Houston: Este puerto cuenta con una gran área, así como con equipos de última generación que facilitan la descarga de contenedores.

Puertos de Carolina del Sur: Charleston y Georgetown son los dos puertos que se encuentran en Carolina del Sur. El primero tiene cinco terminales públicas y es conocido por manejar envíos de vehículos de motor, contenedores y cruceros. Este último es muy utilizado ya que proporciona acceso a otros puertos, por ejemplo, Georgetown.

Puerto de Oakland: es responsable de manejar aproximadamente el 99% de todos los envíos de contenedores que ingresan o salen del norte de California. Está conectado a dos líneas de ferrocarril y cuenta con tres terminales de contenedores.

Puerto de Miami: Un puerto muy importante, ubicado en Florida. Desempeña un papel importante en el comercio mundial y conecta América del Norte y América del Sur.

Por lo general, el transporte marítimo tarda entre 30 y 40 días en enviar sus productos desde China a Estados Unidos. Varios factores contribuyen a este tiempo de envío prolongado. Algunos de estos factores son demoras en aduanas, congestión portuaria, condiciones climáticas variables, reconocimiento de documentación necesaria, entre otros

Costo de envío de China a Estados Unidos.

Si bien importar desde China te permite obtener productos de alta calidad a precios asequibles, hay algunos puntos que debes considerar primero. Estos aspectos influyen en el costo total de importación.

1. Composición del costo del flete marítimo.

Hay muchos factores que ayudan a determinar el costo del transporte marítimo. Estos factores incluyen la carga, el peso y el tamaño del envío, el tiempo de envío y la ubicación y el destino.

Puerto a Puerto: Como sugiere el título, este servicio se refiere al transporte de mercancías de un puerto (origen) a otro (destino). El vendedor es responsable de pagar y presentar los documentos pertinentes para que la carga pueda enviarse desde China. Una vez que el envío llega a los Estados Unidos, el comprador debe encargarse de las tareas restantes, es decir, la presentación de documentos, el despacho de aduana, la descarga, etc. En términos generales, el costo de envío de un contenedor de 20'GP que transporta mercancías desde China a la costa oeste de Estados Unidos oscila entre $2000 y $2500. En cuanto a la costa este, el costo puede variar de $3000 a $3500.

Puerta a puerta: Este es un servicio muy apreciado ya que solo requiere que usted cobre el pago del flete y reciba los productos en una dirección específica.

Precio Desembarcado: Se refiere al monto total que el comprador debe pagar por el envío. Todos los costos asociados con el envío, incluidas las tarifas, el despacho de aduana, etc., están incluidos en el costo de envío.

Puedes calcular el costo de descarga utilizando la siguiente fórmula:

Costo en destino = Cargo por despacho (pagado a la aduana) + Flete hasta la puerta (pagado al agente de carga) + EXW/FOB (pagado al vendedor) + Derechos/impuestos de importación + Cargo por manejo en el puerto (presentado por el operador de la terminal para compensar a los trabajadores) para sus deberes de transferencia de carga antes de que el envío salga del puerto de origen y después de que llegue al puerto de destino).

2. Composición de los costos de flete aéreo.

Al igual que el flete marítimo, el costo de este método de envío también depende de varios factores, como el volumen y el peso facturable (el número mayor entre el peso volumétrico y el peso real).

En cuanto al flete aéreo, entregar tus productos a través de FedEx puede costarte entre $5,80 y $7,80 por kg, y entre $7,80 y $9,80 por kg si eliges DHL.

Impuesto de Importación, Derechos de Aduana y Arancel.

Los códigos de importación/exportación, los códigos arancelarios, los códigos aduaneros o simplemente los códigos HS ayudan a clasificar los productos a través de números de clasificación únicos de 6 a 10 dígitos. Los códigos se pueden encontrar en Tool HS.

Además, necesitará el HTS-US (Programa arancelario armonizado de los Estados Unidos) antes de poder calcular los aranceles aduaneros y los impuestos de importación. Los primeros 6 dígitos del código HS representan su categoría principal. El resto de los dígitos representan la subdivisión del país.

PASO 11

Recibir el pedido y llevarlo a bodega de Amazon

Para vender, sobre todo si usas la forma de marca personal, debes tener un inventario mínimo de productos, que requieren un espacio adecuado para guardarlos. El almacenamiento de mercancías puede tener diferentes precios y demanda un gran esfuerzo. Esto depende de las características del producto: tamaño, peso y forma.

Si los productos vienen de Asia, lo recomendable es que tengas un sitio, no muy lejos del puerto de llegada, donde revisarás la cantidad, calidad y especificaciones de tus productos. En algunos casos los etiquetarás con tu marca personal. Sugiero que ese sitio sea en el estado de California. Uno de los grandes centros de distribución de Amazon está en Tracy, California, ubicado a 100 km al este de San Francisco.

Existen varias maneras de recibir los productos en aduana, revisarlos, etiquetarlos y despacharlos a las bodegas de Amazon. Mencionaré dos:

1. **Empresas como Centro de Preparación:**

Son empresas que tienen el espacio y los recursos necesarios para recibir, almacenar, preparar y despachar mercancía hacia los centros de logística de Amazon.

Para escoger la empresa con la que vas a trabajar debes tener en cuenta la ubicación, tiempo de preparación de productos. Manejo de impuestos. manejo de ventas al por mayor y experiencia en aduana.

2. **Personal propio.**

Puedes tener personal de confianza que viva cerca del puerto de llegada de la mercancía para:

- Pagar los impuestos
- Retirar el material
- Llevarlo a una locación para la revisión de los artículos.
- Descartar los artículos defectuosos.
- Empacarlos uno a uno.
- En caso que tenga marca personal y no venga con ella desde el proveedor, puede colocarla.
- Embalar la mercancía de acuerdo a las normas que exige Amazon para su almacenaje en sus bodegas.

Efectuadas las anteriores labores, viene el paso de llevar tus productos a las bodegas de Amazon. Estos almacenes permiten que los comerciantes externos entren en contacto cercano con los clientes de una manera económica y competente. Están estratégicamente presentes para tiempos de entrega rápidos y un rápido servicio al cliente.

Amazon maneja todo el trabajo por usted dentro de la Logística de Amazon. Simplemente te colocas en contacto con ellos, les comentas de los productos y ellos te dirán qué almacenes están disponibles para enviar los artículos.

Antes de enviar tus productos a Amazon FBA, debes seguir tres pasos que te aseguran el correcto almacenamiento y envío. Existen unos requisitos de empaquetado, etiquetado y preparación. Amazon recibe miles de artículos a diario y si no sigues los pasos adecuados, los artículos que envías pueden perderse.

1. Los productos llegan a Amazon.

Un empleado de Amazon escanea la etiqueta que está fuera de la caja para asegurar que existe un plan de envío de ésta y que se encuentra en la bodega que le corresponde. Por ello es importante que no envíes varias cajas amarradas, pues deben llegar cada una por separado.

Para evitar confusiones, la caja solo debe llevar el código de barras de envío. Si tu caja es más grande de lo permitido tendrá que ser movida por varios empleados, lo que demora el proceso y puede significar un costo extra para ti.

2. Un empleado abre tus cajas.

Para que todo sea más fácil, no coloques la etiqueta sobre la zona en la que se abre la caja, pues se dañará cuando el empleado corte las cintas. Es mejor colocarla en los lados de la caja, allí no le pasará nada.

Tampoco coloques la etiqueta doblada en la esquina de la caja, pues esto dificulta el escaneo y demora el recibimiento de los productos. Empaca los artículos en espuma, bolsas de aire y papel comprimido, pues son los mejores materiales para hacerlo. Los trozos de espuma o de papel están prohibidos, pues retrasan el proceso.

Los empleados de Amazon revisan que cada artículo que envías tenga un código de barras que pueda ser escaneado. ¡Solo debe tener uno! Pues si tiene varios códigos o no tiene, será apartado hasta que otro empleado pueda verificar cuál es el problema.
Si envías varios productos de la misma clase, cada uno de ellos debe tener un código de barras. ¡No coloques el código del producto fuera de la caja! Pues Amazon procesaría la caja como un solo artículo.

En la bodega se verifica si tu producto necesita preparación adicional para evitar que se dañe antes de ser enviado al cliente. Si se requiere, el producto es apartado hasta que un empleado pueda solucionar el problema.

Los artículos mal preparados demorarán el proceso para su almacenamiento en la bodega entre dos horas y dos días. Lo mismo sucede con los productos que presentan algún problema dentro del proceso, pues van a la zona de solución de inconvenientes hasta que se pueda solucionar.

3. Amazon recibe tu producto y lo almacena.

Por medio de una banda transportadora el artículo es llevado al área de almacenamiento. Allí es escaneado y almacenado en un lugar específico. Si alguien compra tu producto, Amazon puede recoger, alistar y enviar rápidamente gracias a su sistema de almacenamiento.

Una vez que tienen sus productos, clasifican el lote y los agregan al catálogo. A continuación, sus productos se acopian en los almacenes con total seguridad. Si algo se daña durante el proceso, Amazon FBA te reembolsa la pérdida.

Amazon despliega una flota de miles de Robots en sus bodegas. Amazon ha incrementado la eficiencia al desplegar esos miles de robots provistos de ruedas para ir de un lado a otro por los pasillos de su bodega más grande y entregar los artículos a los empleados.

Cada vez que haces un compra online, el pedido le llega al robot más cercano donde se encuentra el ítem buscado, este viaja a través de los pasillos leyendo códigos de barra QR que le indican su camino y otros datos de almacenamiento, se ubica bajo el estante y lo lleva para retirar el ítem vendido y realizar el despacho, todo esto sin intervención humana, el BettyBot es un ejército de robots diseñados para trabajar juntos y en orden acelerando la producción de este tipo de negocios y reduciendo los costos.

Durante todo el proceso, Amazon gestiona toda la transacción, acepta el pago y actualiza los registros automáticamente. Cualquier trabajador del almacén o robot saca tu artículo del almacén, lo empaca en una caja e incluso lo envía al cliente.

Amazon tiene muchísimas bodegas y se encargará de almacenar tu producto en un espacio que ha sido preparado para ello. Es por eso que Amazon puede entregar artículos en horas o pocos días dependiendo de la opción elegida por el cliente.

Hay muchos centros de logística que se parecen; sin embargo, no tienen la cantidad de ubicaciones y el posicionamiento geográfico de las bodegas de Amazon FBA. Por ello nunca podrán competir con el servicio que obtienes con esta plataforma de Amazon.

PASO 12

Posicionar el producto en Amazon

El Algoritmo A9 es un algoritmo propio de Amazon, que clasifica los productos que se muestran en su buscador de forma orgánica, posicionando los primeros en función de la calidad con la que está elaborada la ficha de producto. No es tan complejo como el algoritmo de Google, pero el funcionamiento es muy similar, posiciona por palabras clave los productos que están a la venta dentro de Amazon.

No ha habido ninguna actualización "oficial" del algoritmo de Amazon de A9 a A10. La designación "A9" proviene del nombre de la empresa que desarrolló el algoritmo. Recientemente, se han observado muchos pequeños cambios en el algoritmo de Amazon; esta actualización ahora se conoce en el lenguaje común como el algoritmo "A10".

Este algoritmo decide qué recomendaciones de productos mostrar a un usuario, utilizando datos de consultas que otros han realizado sobre ese mismo producto. Estas recomendaciones se basan en las preferencias de compra del cliente, compras anteriores y otros factores.

El algoritmo de Amazon está diseñado para ayudar a los consumidores a encontrar productos. Hasta ahora, el algoritmo A9 determinaba qué marcas y productos se mostraban en la página de inicio. Aunque Amazon no comunica públicamente los elementos que influyen en el algoritmo, podemos deducir por experiencia y a través de las pruebas realizadas los siguientes patrones, según los cuales se evaluaron las fichas de producto en la época de Amazon A9:

- Conversiones
- Clic por calificaciones
- Palabras clave relevantes
- Calificaciones
- Premio
- Existencias
- Historial de ventas

Además, algunos factores indirectos también influyen en la clasificación en Amazon. Estos incluyen imágenes y contenido A+, por ejemplo, porque promueven la conversión.

En cuanto a los factores directos, son muy importantes para que el algoritmo A9 realice una clasificación precisa cuando un usuario realiza una búsqueda. Así Amazon posiciona en primer lugar los productos que más venden en su nicho. Algunos de estos factores de posicionamiento son:

1. Título del producto

El título del producto debe incluir la palabra clave por la que se quiere posicionar. Pero no solo eso, también se recomienda que en este título se indique la marca, un rasgo distintivo, el material de fabricación, el color y la cantidad del producto, según cada caso.

2. Palabras clave ocultas

Estas palabras clave ocultas solo se usan en la sección de back-end de una cuenta de Amazon. La función de estas palabras clave ocultas es dar al algoritmo A9 de Amazon una lista de productos que apuntan a una palabra clave específica.

3. Información de la marca

Es importante que la información de la marca sea lo más clara y completa posible, ya que los usuarios suelen buscar productos en Amazon por marca. Es un factor de posicionamiento muy importante para Amazon, que se esfuerza por que la información de las marcas que venden en su Marketplace sea lo mejor posible.

4. Descripción del Producto

La descripción del producto es una de las partes más esenciales, porque aquí es donde puedes indicar las palabras clave más importantes para el posicionamiento orgánico. El contenido tiene que ser claro, natural y convincente si queremos que el SEO en Amazon surta efecto.

5. Listas de productos

Estas listas son fáciles y rápidas de escanear por el usuario, por lo que el usuario puede ver los productos de una marca de forma sencilla. Esto mejora la tasa de conversión de un producto y hace que el Algoritmo A9 lo posicione primero.

Existen otros factores de clasificación debido al rendimiento los cuales Amazon controla directamente:

6. El precio del producto

El precio del producto afecta directamente la tasa de conversión. Si un vendedor vende su producto más caro que los artículos que tienen las mismas características, Amazon lo penaliza con una posición más baja en la búsqueda orgánica.

7. Imágenes del producto

Las imágenes de los productos deben ser de alta calidad ya que, de lo contrario, el algoritmo A9 relegará esos productos a posiciones más bajas. Amazon recomienda que las imágenes tengan 1000 píxeles o más de ancho o alto. El tamaño mínimo de imagen para la plataforma Seller Central es de 500 píxeles.

8. Reseñas en Amazon

Es un factor de posicionamiento casi determinante. Los productos que más reseñas tienen son los que suelen estar mejor posicionados en los resultados de búsqueda, por lo que lo mejor es solicitar que los clientes que han comprado algún producto dejen su reseña. Así, si un producto tiene muchas críticas positivas, puede influir en la decisión de compra de otros clientes potenciales.

Existen otros factores que son inalterables:

1. **Historial de ventas**

La forma en que el producto se vendió durante todo el tiempo que estuvo en Amazon es clave para su clasificación orgánica. Si sus propios productos están siempre "en stock", esto garantiza una mejor clasificación de productos.

2. **Tasa de conversión**

El porcentaje de personas que ven un producto y luego lo compran. Cuanto mayor sea la tasa de conversión, mayor será la clasificación del producto.

3. **Calificaciones**

Una gran cantidad de calificaciones positivas en Amazon equivale a una calificación ya realizada, ya que es más probable que los consumidores confíen en otros consumidores. Esto le da al producto una prueba social. Por lo tanto, la política de Amazon con respecto a las revisiones cuestionables es bastante estricta.

4. Palabras clave relevantes

Las palabras clave y los términos de búsqueda, que se integran en los textos según la intención del cliente, son un factor decisivo para la relevancia de un resultado de búsqueda para el cliente potencial.

Finalmente, han resurgido factores que se han vuelto más importantes:

1. Oferta destacada (Caja de compra)

Esta es la oferta que se muestra en la página de detalles de un producto o en el Buy Box. Está influenciado por factores como la duración de la actividad en Amazon, el puntaje de revisión, los indicadores clave de rendimiento o la cantidad de productos en el catálogo.

2. Ventas orgánicas

Otra forma de garantizar resultados de búsqueda relevantes es poner más énfasis en las ventas realizadas de forma orgánica en lugar de a través de anuncios pagados. Amazon ahora pone menos énfasis en las ventas por CPC (Costo por clic), para enfatizar la importancia de que las marcas adopten una estrategia de SEO orgánico confiable. Una venta orgánica se realiza cuando un consumidor busca un producto y lo compra de los resultados de búsqueda no publicitarios.

3. Tráfico y ventas de fuentes externas

Esto siempre ha sido una fuerza impulsora para obtener clasificaciones altas. El tráfico transferido a Amazon desde fuentes externas, como redes sociales como blogs, Instagram, Facebook o TikTok, ahora tiene una calificación aún más alta. Es importante que este tráfico sea relevante: de lo contrario, solo aumenta las visitas a la página, pero no las conversiones, y por lo tanto deteriora la tasa de conversión.

4. Ventas interiores

Ventas que se inician en la plataforma de Amazon sin investigar, como productos en la sección "Comprados juntos con frecuencia". Estas compras también influyen en las clasificaciones de búsqueda.

5. Clic por calificaciones

Esta es la frecuencia con la que los consumidores hacen clic en un producto después de mirar el resultado de búsqueda correspondiente. Esta es la razón por la cual una imagen principal de calidad que sea convincente y un título evocador son tan importantes, porque el algoritmo de Amazon recompensa el alentar a los consumidores a hacer clic. Punto importante: en esta etapa, la correlación con la tasa de conversión es importante, no solo se debe hacer clic en el producto, sino también comprarlo después.

Recuerda que cuando comienzas a vender un nuevo producto en Amazon, eres invisible, aún no estás clasificado. En ese momento, tu único objetivo es demostrar que tu mercancía es la mejor en comparación con otros productos.

Durante los primeros 28 días, el algoritmo A9 de Amazon al principio te coloca en un período de prueba donde se potencia la visibilidad de tu producto, esto le permite a Amazon tener una idea del desempeño de tu oferta para los próximos ciclos. De ahí la decepción de los vendedores que, al cabo de un mes, no entienden por qué ya no venden.

Además, cada vez más vendedores profesionales utilizan una estrategia de lanzamiento para amplificar este impulso y así poder adelantar a sus competidores desde el principio.
Estos expertos vendedores llamados "tiburones" han existido por mucho tiempo y tienen un historial de ventas más grande con más comentarios que tú. Saben qué expresiones les resultan más rentables, ya que tienen datos.

Si luchas de frente contra estos gigantes en el mismo terreno, no tienes ninguna posibilidad de sobrevivir: tienes muy pocas posibilidades de ser rentable, agotarás tu tesorería y finalmente morirás. Es por eso que debes seguir las recomendaciones de este libro para mejorar tus ganancias.

A10 ALGORITMO

No son tanto los factores de clasificación los que han cambiado, sino su ponderación: el principal cambio en la actualización del algoritmo de Amazon es el énfasis en las señales enviadas por los clientes, el cual se ha refinado.

La investigación de clientes es aún más importante que antes, por lo que los consumidores son dirigidos directamente a los resultados que les interesan. Al perfeccionar el algoritmo, Amazon quiere producir resultados cada vez más relevantes y evitar que los vendedores permitan que las ofertas no calificadas se clasifiquen más alto en los resultados de búsqueda.

Por lo tanto, un producto con un fuerte atractivo para los compradores se destacará más de sus competidores, ya que las ventas de los clics generados orgánicamente ahora tienen un mayor impacto que los generados por la publicidad, como ocurría con mayor frecuencia con el algoritmo del producto A9 antes de las actualizaciones.

Tener en cuenta los factores que no jugarán un papel importante a futuro:

1. **Rentabilidad del producto**

Dado que los vendedores de Amazon pueden influir en sus precios, a diferencia de los proveedores, este factor, que podría haber sido una desventaja, ya no se tiene en cuenta. Aun así, es importante que los vendedores vigilen la rentabilidad, ya que los productos que no son rentables generalmente se eliminan o se marcan como "no se puede obtener ninguna ganancia".

2. **Amazon PPC**

El pago por clic (PPC) o el costo por clic (CPC) solían ser un factor decisivo para la clasificación de productos en Amazon. Aunque todavía juega un papel, su importancia para las clasificaciones de Amazon se ha debilitado. Con el principio de PPC, los productos se llevan al campo de visión del buscador con anuncios pagados. Solo se incurre en costos cuando el usuario hace clic en el anuncio. El algoritmo "A10" actualizado pone más énfasis en las ventas orgánicas, pero eso no significa que las campañas ahora sean insignificantes.

Te dejo unos consejos para obtener una mejor clasificación con "A10":

1. **Generar credibilidad y confianza en el cliente**

Los clientes insatisfechos dejan calificaciones de una estrella y, en el peor de los casos, críticas negativas. La buena noticia es que la confianza del cliente y las buenas clasificaciones están en gran medida en tus manos. Se pueden tomar los siguientes pasos para construir tu propia credibilidad como vendedor y así ganarte la confianza de los clientes potenciales:

- Descripciones adecuadas del producto: al proporcionar información precisa del producto (tamaño, color, uso, etc.), el cliente sabe qué esperar.
- Actualización periódica: verifique diariamente si hay nuevos pedidos y notificaciones para mantenerse en contacto con los clientes.

2. Optimizar las páginas de productos

Una página de producto optimizada y actualizada regularmente es automáticamente más visible. Para que los clientes tengan la información suficiente para realizar una compra a primera vista, los siguientes elementos (dependiendo de la categoría del producto) deben estar presentes en cada título:

- Marca
- Línea de productos
- Principales características
- Tipo de producto
- Tamaño/cantidad

- Color
- Material/embalaje

Además, es esencial que las descripciones de los productos estén bien escritas y estructuradas. Las viñetas y las palabras clave apropiadas facilitan la comprensión del texto por parte de los consumidores.

3. Deals of the day:

Son ofertas del día. Para figurar entre ellas se deberá hacer una rebaja mínima del 20% en el producto en cuestión.

4. Ventas flash:

Promociones con una duración y una cantidad de unidades del producto limitadas.

Estas acciones comerciales figuran en la plataforma en lugares destacados y son muy visibles y frecuentadas por los compradores, por lo que será muy interesante para los vendedores que sus productos estén incluidos en ellas.

PASO 13

Ser más visible con el Buy Box

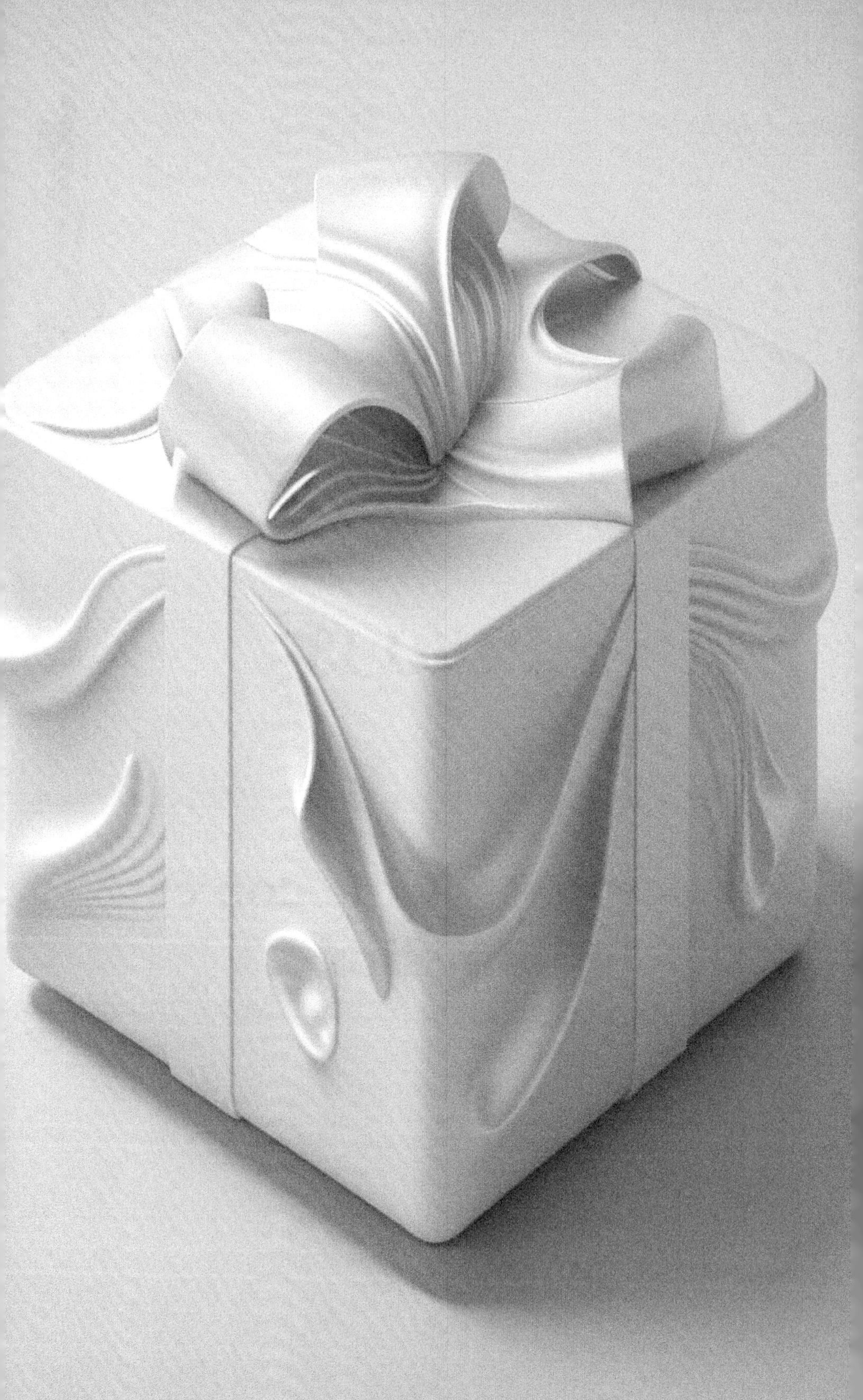

Cuando un cliente llega a la página de un producto, Amazon ofrece un vendedor en particular que aparecerá en el Buy Box. El botón amarillo "añadir al carrito" a la derecha del producto en la ficha del producto atribuye implícitamente la venta al vendedor que tiene la caja de compra en el momento del clic. Gracias al Buy Box, los vendedores ganan visibilidad y facturación porque la mayoría de las veces, los compradores no ven la presencia de varios vendedores en el mismo producto.

Por lo tanto, es el primer vendedor que se le ofrece en la ficha del producto el que a menudo ganará la venta. Solo un vendedor a la vez puede tener la Buy Box de un producto. Los otros vendedores se presentan debajo del cuadro de compra. Solo los siguientes 3 vendedores son visibles en la hoja de producto. Aunque no son tan visibles como el Buy Box, aún tienen posibilidades de conversión.

Para otros vendedores, es necesario hacer clic en el número de ofertas disponibles para acceder a la lista completa de vendedores. Por lo tanto, estos vendedores están en gran desventaja en términos de visibilidad.

La noción de Buy Box es aún más importante en la era de las compras móviles. Sabemos que casi la mitad de las compras se realizan en el móvil entre jóvenes menores de 35 años.
Ganar la Buy Box proporciona la máxima visibilidad en el celular. De hecho, se presenta directamente debajo del producto.
A diferencia de una computadora, todos los demás vendedores están ocultos en las ofertas a continuación. Por lo tanto, una conversión es aún más complicada.
Debes saber que el Buy Box de Amazon se puede compartir entre varios vendedores con un sistema de rotación. Los criterios de selección de productos con un Buy Box compartido aún no están claros.
Podemos pensar que cuando varios vendedores en una misma ficha de producto tienen un perfil similar, Amazon compartirá la Buy Box. Amazon puede rotar la caja de compra cada hora.
Amazon también puede decidir eliminar el Buy Box en ciertos productos. Por ejemplo, si ningún vendedor cumple con los requisitos de la caja de compra o si los precios no son razonables.

Factores a tener en cuenta para obtener el Buy Box:

No hay solo un elemento mágico, sino una gran cantidad de factores que determinan el ganador de Amazon BuyBox. Si bien muchas variables influyen en sus posibilidades de ganar el Buy Box y ser favorecido por los algoritmos de Amazon, algunas tienen más impacto en el premio Buy Box.
El vendedor que resulte más eficiente en vista de todos estos criterios ganará la Buy Box. El primer paso es tener una cuenta

de vendedor profesional. También se requieren 90 días de antigüedad como vendedor para ser elegible para el Buy Box. Una de las variables que más influye en la asignación de la Buy Box es el método de envío elegido por el vendedor. Amazon favorece a los vendedores que usan el método de envío FBA y es más probable que obtengan el Buy Box que un vendedor FBM que enviará sus productos ellos mismos. Utilizar el servicio de entrega gestionado por Amazon reforzará el posicionamiento del vendedor. Si un vendedor se posiciona en un producto por ser FBA, puede obtener el Buy Box con un precio más alto que los competidores de FBM en este producto. Si todos los vendedores usan la entrega de Logística de Amazon, la asignación de Buy Box se basará en otros criterios.

Los tiempos de entrega también jugarán un papel en la adjudicación de Amazon Buy Box. Cuanto más corto sea el tiempo de entrega, más posibilidades tendrán los artículos de ganar las Buy Boxes. También se tiene en cuenta el método de entrega Prime, ya que la entrega se realiza en dos días como máximo y los vendedores elegibles para el programa Prime deben tener buenos indicadores de ventas.

El precio total (precio de venta + gastos de envío) es un factor determinante en la obtención de la Buy Box. No siempre es el vendedor que ofrece el precio más barato el que gana el Buybox. Hay dos precios en Amazon: el importe del artículo individual y el precio total (costo total de un pedido incluidos los gastos de envío). Hay que asegurarse de que el precio total sea siempre competitivo.

El tiempo de entrega es el tiempo en el que el vendedor se compromete a enviar el artículo al cliente. Cuanto más rápido sea el envío, mayor será la posibilidad de obtener el Buy Box.

Algunos productos y categorías son urgentes, como los regalos de celebraciones y los productos perecederos. El impacto de este criterio en la caja de compra será mayor porque los clientes suelen exigir una entrega rápida de estos artículos.

La tasa y el número de críticas positivas influyen. La cantidad de comentarios es el número de compradores que han dado su opinión al vendedor después de una compra. Las reseñas positivas mejoran el rendimiento del vendedor y las reseñas más recientes tienen el mayor impacto.

La tasa de revisión positiva no debe caer por debajo del 95%. Pero el número de comentarios también es muy importante para obtener la Buy Box porque es un punto fundamental de la experiencia del cliente. Cuanto más cerca esté la tasa del 100%, mayores serán las posibilidades de aparecer en Buy Box.

La tasa de pedidos defectuosos afecta obtener la Buy Box. Este valor corresponde a los pedidos que presentaron uno o más defectos respecto al total de los pedidos de más de 60 días. Según Amazon, esta tasa debe ser inferior al 1% para reclamar el premio Buy Box y cualquier vendedor que supere este umbral será penalizado.

Esta tasa tendrá en cuenta varios factores:

La tasa de críticas negativas recibidas (TCNR): Es el

número de pedidos con calificación negativa dividido por el número total de pedidos (las calificaciones con una o dos estrellas se consideran negativas).

$$TCNR = \frac{\text{Número de pedidos con calificación negativa}}{\text{Número total de pedidos}}$$

Tasa de reclamación de la Garantía de la A a la Z (TRG): Corresponde al número de pedidos que han sido objeto de una reclamación relevante dividido por el número total de pedidos.

$$TRG = \frac{\text{Número de pedidos con reclamación relevante}}{\text{Número total de pedidos}}$$

Una reclamación relevante puede ser una reclamación validada cuyo importe se haya debitado del comprador o una reclamación cuyo pedido haya sido cancelado por el vendedor, por ejemplo.
Tasa de contracargo de tarjeta de crédito (TCTC): Es el número de pedidos con contracargo de tarjeta de crédito dividido por el número total de pedidos.

$$TCTC = \frac{\text{Número de pedidos con contracargo tarjeta crédito}}{\text{Número total de pedidos}}$$

El contracargo se manifiesta por el hecho de que el comprador impugna una compra cargada en su tarjeta de crédito de su banco. Los problemas pueden provenir de un comprador que dice que no recibió el artículo, devolvió el artículo, pero no recibió un reembolso o recibió un producto dañado o defectuoso.
La tasa de pedido perfecta (TPP): Corresponde al porcentaje de

pedidos realizados sin incidencias.

$$TPP = \frac{\text{Número de pedidos con calificación negativa}}{\text{Número total de pedidos últimos 90 días}}$$

Amazon calcula el porcentaje dividiendo el número de pedidos perfectos por el total de pedidos en los últimos 90 días. Esta tasa de perfección cae con el más mínimo comentario negativo del cliente, en caso de cancelación, solicitud de reembolso o garantía AZ o entrega tardía.

Esta tasa se eliminó recientemente del programa Amazon Seller, por lo tanto, ya no afecta oficialmente el cuadro de compra. Pero todos los elementos que la componen siguen siendo factores de atribución.

Tiempo de respuesta a los clientes: Para mantener la ventaja, debemos responder a los clientes dentro de las 24 horas posteriores a la solicitud. Una respuesta tardía o ninguna respuesta tendrá un impacto muy negativo en sus posibilidades de obtener el Buy Box. Por lo tanto, es necesario intentar responder el 90% de los mensajes dentro de las 24 horas.

La tasa de seguimiento válida (TSV): Esta tarifa incluye todos los envíos con un número de seguimiento válido como porcentaje del total de envíos.

$$TSV = \frac{\text{Envíos con número de seguimiento válido}}{\text{Número total de envíos}}$$

Los clientes de Amazon confían en el número de seguimiento para saber dónde están sus pedidos y cuándo los recibirán. Esta tarifa está presente en el "rendimiento de envío" en la central del vendedor. Los vendedores deben tener una tasa de seguimiento válida superior al 95% para mantener su rendimiento.

La tasa de envío tardío: Corresponde al envío de pedidos confirmados después de la fecha estimada de envío. Los pedidos deben confirmarse enviados antes de la fecha de envío estimada para que los clientes puedan ver el estado de su pedido en línea. Las confirmaciones de envío tardías pueden afectar negativamente la experiencia del cliente y generar calificaciones negativas y quejas.

Los vendedores deben tener una tasa de envío tardío de menos del 4% para continuar vendiendo en Amazon y calificar para el cuadro de compra.

Tasa de entrega a tiempo: Corresponde al porcentaje de pedidos recibidos por los compradores en la fecha de entrega prevista. Los vendedores deben aspirar a un porcentaje del 97% o superior.

El inventario: Hay que prestar atención a la gestión del inventario, que también es un factor clave que no se debe pasar por alto. Porque cuando un producto se queda sin stock, automáticamente pierde el Buy Box. Cuanto menor sea el stock de inventario, menores serán las posibilidades de ganar la Buy Box.

Amazon a menudo verifica la frecuencia de la escasez de existencias, por lo tanto, mantén una tasa de existencias del 100% en la mayoría de los casos. Especialmente para los productos más vendidos para que puedas hacer frente a cualquier posible aumento de la demanda.

Tasa de cancelación: Corresponde al número de pedidos cancelados antes de ser enviados por el vendedor y al número de pedidos reembolsados después del envío. Amazon pone la experiencia del cliente en primer lugar, por lo que debe tener la tasa de cancelación más baja posible. Una tasa superior al 2,5% podría afectar sus posibilidades de ganar el Buy Box.

Tasa de insatisfacción de devolución: Mide la satisfacción del cliente con el procesamiento de las devoluciones. La tarifa incluye comentarios negativos del cliente sobre una solicitud de devolución, si un cliente no ha recibido una respuesta dentro de las 48 horas o si una solicitud se rechaza incorrectamente. La tasa debe ser inferior al 10%.

Tasa de insatisfacción del servicio al cliente: Es el porcentaje de clientes que no están satisfechos con las respuestas de un vendedor en los mensajes de comprador-vendedor. En cada mensaje, Amazon pregunta a los clientes si el problema está resuelto. La tasa se calcula utilizando el porcentaje de respuestas negativas a esta pregunta. Amazon no tiene en cuenta estos dos últimos parámetros en la asignación de la Buy Box, pero es probable que sean criterios reales en un futuro próximo por lo que no deben olvidarse.

ANEXO I

Bibliografía

Alibaba. (2023). Obtenido de www.alibaba.com

Amazon. (2023). Obtenido de www.Amazon.com

Camelcamelcamel (2023). www.camelcamelcamel.com

JungleScout. (2023).

Keppa. (2023). Obtenido de www.keepa.com

Payoneer. (2023). Obtenido de Cuenta Propia: www.payoneer.com

Repricer (2023) www.repricer.com/es/

Rev Seller. (2023). Obtenido de www.RevSeller.com

Tactical Arbitrage. (2023). Obtenido de www.tacticalarbitrage.com

Para comprar otros libros del autor:

Enlaces de Contacto con el escritor Carlos Mazuera:

https://www.facebook.com/ElConstructordelasLetras

@MazueraCarlos

@escritormazuera

Carlos Mazuera

Email

asturiaspluma@gmail.com

Otros libros del autor:

TÚ PUEDES LLEGAR
A SER UN NOBEL
Vol. 3
7 Claves importantes en la literatura
BEST SELLER
CARLOS MAZUERA
El constructor de las letras

IA y el
METAVERSO
¿QUÉ ESTUDIAR?
50
CARRERAS
COMUNIDAD
CONTENIDO
#1 BEST SELLING AUTHOR
CARLOS MAZUERA
El constructor de las letras

TÚ PUEDES LLEGAR
A SER UN NOBEL
Vol. 2
7 Claves que deben tenerse en cuenta en la Literatura
BEST SELLER
CARLOS MAZUERA
El constructor de las letras

¡ How to buy from
Alibaba and sell on
Amazon !
13 STEPS FOR BUSINESS PROFITS
#1 BEST SELLING AUTHOR
CARLOS MAZUERA
Expertos

¡ Conócete a ti mismo
y a los Demás !
Eneagramas
CÓMO TRIUNFAR :
EN EL TRABAJO
LAS RELACIONES
LAS VENTAS
LA CREATIVIDAD
#1 BEST SELLING AUTHOR
CARLOS MAZUERA
El constructor de las letras
Expertos

Made in the USA
Columbia, SC
14 January 2025

51784183R00109